Cartea de bu gustări și p... ... definitive

100 DE REȚETE SĂRATE ȘI DULCI PENTRU FIECARE ADUNARE

Emilia Pavel

Somario

INTRODUCERE

Ce este un brownie? Brownie este un desert de ciocolată pătrat sau dreptunghiular. Brownies-urile vin într-o varietate de forme și pot fi fie fudgy, fie cakey, în funcție de densitatea lor. Acestea pot include nuci, glazură, cremă de brânză, chipsuri de ciocolată sau alte ingrediente.

Ce sunt bombele grase? Bombele cu grăsimi sunt dulciuri cu conținut scăzut de carbohidrați și fără zahăr, de obicei făcute cu ulei de cocos, unt de cocos, cremă de brânză, avocado și/sau unt de nuci. Aproape, orice conținut bogat în grăsimi, fără zahăr și sărac în carbohidrați poate fi făcut să devină o bombă a grăsimilor.

Ce sunt biluțele de desert? Practic, este o dulceață bogată, făcută cu zahăr și adesea aromată sau combinată cu fructe sau nuci. Ce ar putea fi mai bun decât un desert decadent? Una care vine sub forma unei mingi!

De aici încolo, coacerea de la zero, un lot de brownies sau bombă de grăsime sau o minge de desert va fi la fel de ușor ca să ajungi la chestiile din cutie, datorită acestor rețete.

Să ne scufundăm!

BROWNIES & FUDGE
a) Brownie cu alune de ciocolată

Ingrediente:
- 1 cană pudră de cacao neîndulcită
- 1 cană de făină universală
- 1 lingura bicarbonat de sodiu
- ¼ linguriță. sare
- 2 linguri. unt nesarat
- 8 linguri. unt
- 1½ cană de zahăr brun închis, bine ambalat
- 4 ouă mari
- 2 lingurite extract de vanilie
- ½ cană chipsuri de ciocolată cu lapte
- ½ cană chipsuri de ciocolată semidulce
- ½ cană alune prăjite, tocate

a) Încinge cuptorul la 340°F (171°C). Ungeți ușor o tavă de copt de 9×13 inchi (23×33 cm) cu spray de gătit antiaderent și lăsați deoparte. Într-un castron mediu, combinați pudra de cacao neîndulcită, făina universală, bicarbonatul de sodiu și sarea. Pune deoparte.

b) Într-un boiler la foc mic, topim untul nesărat și untul. După ce s-a topit, se ia de pe foc și se amestecă cu zahărul brun închis. Turnați amestecul de unt și zahăr în amestecul de făină și amestecați pentru a se combina.

c) Într-un castron mare, bateți ouăle și extractul de vanilie cu un mixer electric la viteză medie timp de 1 minut. Adăugați încet amestecul de unt și făină și amestecați încă 1 minut până când se combină. Adăugați fulgi de ciocolată cu lapte, fulgi de ciocolată semidulce și alune de pădure și bateți câteva secunde pentru a se distribui rapid.

d) Transferați amestecul în tava pregătită și coaceți timp de 23 până la 25 de minute sau până când partea de sus arată întunecată și uscată. Se răcește complet în tigaie înainte de a tăia în 24 de bucăți și de a trece pe o farfurie.

e) Depozitare: Păstrați bine învelit în folie de plastic la frigider timp de 4 până la 5 zile sau în congelator timp de 4 până la 5 luni.

b) Chocolate Brownies

Ingrediente:
10. 1/4 cană unt
11. 1/4 cană unt normal
12. 2 ouă
13. 1 linguriță extract de vanilie
14. 1/3 cană pudră de cocoa neîndulcită
15. 1/2 cană făină universală
16. 1/4 linguriță de sare
17. 1/4 lingurita praf de copt

Pentru înghețare:
- 3 mese de unt, înmuiat
- 1 linguriță de unt, înmuiat
- 1 tablespoon honey
- 1 teaspoon vanilla extrac t
- 1 cană de zahăr de confecționare

Direcții:
- Preîncălziți cuptorul la 330 de grade F.
- Unge și făină o bucată pătrată de 8 inci.
- Într-o cratiță mare, la foc foarte mic, topim 1/4 cană de unt și 1/4 cană de unt.
- Se ia de pe căldură și se adaugă zahăr, ouă și 1 linguriță de vanilie. Se bate 1/3 cană de cocoa, 1/2 cană de făină, sarea și praful de copt. Răspândiți aluatul în tigaia pregătită.
- Coaceți în cuptorul preîncălzit timp de 25 până la 30 de minute. Nu treceți peste.

Pentru înghețare:

Combină 3 mese de unt înmuiat și 1 linguriță de unt; adăugați linguri de cocoa, miere, 1 linguriță de extract de vanilie și 1cup confectioners' sugar. Se amestecă până se omogenizează

c) Rocky Road Brownies

Randament: 12 brownies

Ingrediente:
- 1/2 cană de unt infuzat cu canabis
- 1/8 cană unt
- 2 uncii chocolate neindulcit
- 4 uncii de ciocolată amăruie sau demidulce
- 3/4 cup all-purpose fou r
- 1/2 linguriță de sare
- 1 cană de zahăr granulat
- 2 ouă mari
- 1 linguriță extract de vanilie
- 3/4 cană felii de migdale prăjite
- 1 cană de bezele în miniatură

Direcții:
1. Preîncălziți cuptorul la 350 de grade F. Tapetați o tavă pătrată de 8 inch cu folie de aluminiu și ungeți folie fie cu unt, fie cu scurtare vegetală.
2. Topiți untul de cana, untul și ciocolata la foc mic într-o scădere medie, amestecând frecvent. Puneți deoparte să se răcească timp de 5 minute.
3. Se amestecă făina și sarea; lasă deoparte.
4. Se amestecă zahărul în untul de cana topit până se combină bine.
5. Bateți ouăle și vanilia și continuați să amestecați până când se incorporează bine.
6. Se amestecă făina și sarea până când se incorporează.
7. Rezervați 1/2 cană de aluat de maro și răspândiți restul în paharul pregătit.
8. Coaceți aluatul în tavă timp de aproximativ 20 de minute. În timp ce se coace, pregătiți prăjitura amestecând aluatul rezervat cu migdalele prăjite și marshmallows
9. După ce aluatul în prăn s-a copt timp de 20 de minute, se scoate din cuptor.

10. Răspândiți peste brownies-uri coapte și întoarceți-l la cuptor. Coaceți încă aproximativ 10 minute sau până când marshmallows sunt rumeniți și o scobitoare iese în centru cu doar câteva firimituri umede agățate de tigaie, înainte de a le pune în tavă wnies și felie.

d) Arahide și Jelly Fudge

Ingrediente:
- Sirop de arțar, ¾ cană
- Extract de vanilie, 1 lingurita
- Arahide, 1/3 cana, tocate
- Unt de arahide, ¾ cană
- Cireșe uscate, 1/3 cană, tăiate cubulețe
- Pudră proteică de ciocolată, ½ cană

Metodă:
- Tăiați arahide și cireșe și păstrați deoparte.
- Se încălzește siropul de arțar la foc mic, apoi se toarnă peste untul de arahide într-un castron. Se amestecă până la omogenizare.
- Adăugați vanilia și pudra de proteine și amestecați bine pentru a se combina.
- Acum adăugați arahide și cireșe și pliați ușor, dar rapid.
- Transferați aluatul într-o tigaie pregătită și congelați până se întărește.
- Tăiați în batoane după fixare și savurați.

e) Fudge cu migdale fără coacere

Ingrediente:
- Ovăz, 1 cană, măcinat în făină
- Miere, ½ cană
- Ovăz rapid, ½ cană
- Unt de migdale, ½ cană
- Extract de vanilie, 1 lingurita
- Pudră de proteine de vanilie, ½ cană
- Chips de ciocolată, 3 linguri de cereale de orez crocant, ½ cană

Metodă:
- Pulverizați o tavă cu spray de gătit și păstrați deoparte. Combinați cerealele de orez cu făina de ovăz și ovăz rapid. Ține deoparte.
- Topiți untul de migdale cu miere într-o tigaie apoi adăugați vanilia.
- Transferați acest amestec în bolul cu ingrediente uscate și amestecați bine.
- Transferați în tava pregătită și uniformizați cu o spatulă.
- Dă la frigider pentru 30 de minute sau până când este ferm.
- Intre timp se topeste ciocolata.
- Scoateți amestecul din tigaie și puneți deasupra ciocolată topită. Dați din nou la frigider până când ciocolata se întărește, apoi tăiați în batoane de dimensiunea dorită.

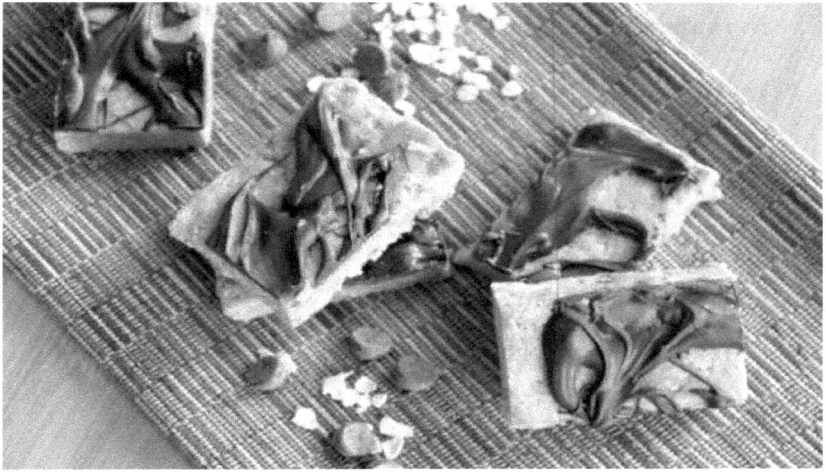

f) Batoane proteice Red Velvet Fudge

Ingrediente:
a) Piure de sfeclă prăjită, 185 g
b) Pastă de boabe de vanilie, 1 linguriță
c) Lapte de soia neindulcit, ½ cană
d) unt de nuci, 128 g
e) Sare roz de Himalaya, 1/8 lingurita
f) Extract (unt), 2 linguriţe
g) Stevia crudă, ¾ cană
h) Făină de ovăz, 80 g
i) Proteine pudră, 210 g

Metodă:
a) Topiţi untul într-o cratiţă şi adăugaţi făină de ovăz, pudră proteică, piure de sfeclă, vanilie, extract, sare şi ştevie. Se amestecă până se combină.
b) Acum adauga laptele de soia si amesteca pana se incorporeaza bine.
c) Transferaţi amestecul într-o tigaie şi puneţi-l la frigider pentru 25 de minute.
d) Când amestecul este ferm, tăiaţi în 6 batoane şi savuraţi.

g) Fudge Munchies

Porții: 6-8

Ingrediente:

- 1/2 cană de unt
- 1/2 cană unt de migdale
- 1/8 până la 1/4 cană Miere
- 1/2 banană, piure
- 1 lingura Extract de vanilie
- orice fel de unt de nuci
- 1/8 cană de fructe uscate
- 1/8 cană Chips de ciocolată

Direcții:

a) Într-un blender sau robot de bucătărie, adăugați toate ingredientele. Amestecați câteva minute până la omogenizare. 2. Turnați aluatul într-o tavă cu căptușeală de hârtie de copt.
b) Pentru bucăți mai mari, folosiți o mini tavă de pâine sau dublați rețeta. Dați la frigider sau congelați până la fermitate. Tăiați în 8 pătrate egale.

c)

a) Brownies-uri moca înghețate

- 1 c. zahăr
- 1/2 c. unt, înmuiat
- 1/3 c. coace cacao
- 1 t. granule de cafea instant
- 2 ouă, bătute
- 1 t. extract de vanilie
- 2/3 c. făină universală
- 1/2 t. praf de copt
- 1/4 t. sare
- 1/2 c. nuci tocate

- Combinați zahărul, untul, cacao și granulele de cafea într-o cratiță. Gatiti si amestecati la foc mediu pana se topeste untul. Se ia de pe foc; se răcește timp de 5 minute. Adăugați ouăle și vanilia; se amestecă până când se combină.
- Amestecați făina, praful de copt și sarea; pliază în nuci. Răspândiți aluatul într-o tavă de copt de 9"x9" unsă. Coaceți la 350 de grade timp de 25 de minute sau până când se fixează.
- Se răcește în tigaie pe un grătar. Întindeți Mocha Glazură peste brownies răcite; tăiați în batoane. Face o duzină.

b) Blondii cu semințe de chia cu unt de nuci pecan

INGREDIENTE

- 2 1/4 căni de nuci pecan, prăjite
- 1/2 cană semințe de chia
- 1/4 cană unt, topit
- 1/4 cană eritritol, pudră
- lingura. SF Torani Sarat

Caramel
a) picături Stevia lichidă
b) Ouă mari
c) 1 lingura Praf de copt
d) 3 linguri. Crema grea
e) 1 praf de sare

INSTRUCȚIUNI

- Preîncălziți cuptorul la 350F. Măsurați 2 1/4 cană de nuci pecan
- Măcinați 1/2 cană de semințe întregi de chia într-o râșniță de condimente până se formează o masă.
- Scoateți făina de chia și puneți-o într-un castron. Apoi, măcinați 1/4 de cană de eritritol într-o râșniță de mirodenii până se face pudră. Așezați în același castron ca și masa de chia.
- Pune 2/3 de nuci pecan prăjite în robotul de bucătărie.
- Procesați nucile, răzuind părțile în jos, după cum este necesar, până când se formează unt de nuci neted.
- Adăugați 3 ouă mari, 10 picături de stevie lichidă, 3 linguri. Sirop Torani de Caramel Sărat SF și un praf de sare la amestecul de chia. Se amestecă bine.
- Adăugați untul de nuci pecan în aluat și amestecați din nou.

- Folosind un sucitor, zdrobiți restul nucilor pecan prăjite în bucăți în interiorul unei pungi de plastic.
- Adăugați nuci pecan zdrobite și 1/4 cană unt topit în aluat.
- Se amestecă bine aluatul, apoi se adaugă 3 linguri. Smântână groasă și 1 linguriță. Praf de copt. Amesteca totul bine.
- Se măsoară aluatul într-o tavă de 9×9 și se netezește.
- Coaceți timp de 20 de minute sau până la consistența dorită.
- Se lasa sa se raceasca aproximativ 10 minute. Tăiați marginile brownie-ului pentru a crea un pătrat uniform. Aceasta este ceea ce eu numesc „tratarea brutarilor" – da, ai ghicit!
- Gustați acei băieți răi în timp ce îi pregătiți pentru a servi tuturor celorlalți. Așa-numita „partea cea mai bună" a brownie-ului sunt marginile și de aceea meriți să ai tot.
- Servește și mănâncă cu conținutul inimii (sau mai bine zis macro)!

c) Brownie cu mere

a) 1/2 c. unt, înmuiat
b) 1 c. zahăr
c) 1 t. extract de vanilie
d) 1 ou, batut
e) 1-1/2 c. făină universală
f) 1/2 t. bicarbonat de sodiu

- Preîncălziți cuptorul la 350 de grade F (175 de grade C). Ungeți o tavă de copt de 9 x 9 inci.
- Într-un castron mare, bateți untul topit, zahărul şi oul până devine pufos. Încorporați merele şi nucile. Într-un castron separat, cerne împreună făina, sarea, praful de copt, bicarbonatul de sodiu şi scorţişoara.
- Se amestecă amestecul de făină în amestecul umed până când se omogenizează. Întindeți aluatul uniform în vasul de copt pregătit.
- Coacem 35 de minute in cuptorul preincalzit, sau pana cand o scobitoare introdusa in centru iese curata.

d) Brownies cu coaja de mentă

- 20-oz. pachet. amestec de brownie fudge
- 12 oz. pachet. chipsuri de ciocolată albă
- 2 t. margarină
- 1-1/2 c. bastoane de bomboane, zdrobite

1 Pregătiți și coaceți amestecul de brownie conform instrucțiunilor de pe ambalaj, folosind o tavă de copt de 13"x9" unsă. După copt, se răcește complet în tavă.
2 Într-o cratiță, la foc foarte mic, topim fulgii de ciocolată și margarina, amestecând continuu cu o spatulă de cauciuc. Întindeți amestecul peste brownies; stropiți cu bomboane zdrobite.
3 Lăsați să stea aproximativ 30 de minute înainte de a tăia în pătrate. Face 2 duzini.

e) Batoane fudge cu unt de arahide Keto

INGREDIENTE

Crusta
a) 1 cană făină de migdale
b) 1/4 cană unt, topit
c) 1/2 linguriță. Scorţişoară
d) 1 lingura. Eritritol
e) Un praf de sare
Fudge-ul
a) 1/4 cană smântână grea
b) 1/4 cană unt, topit
c) 1/2 cană unt de arahide
d) 1/4 cană eritritol
e) 1/2 linguriță. Extract de vanilie
f) 1/8 lingurita. Gumă Xanthan
Toppingurile
g) 1/3 cană ciocolată Lily's, mărunţită

INSTRUCȚIUNI

- Preîncălziți cuptorul la 400°F. Topiți 1/2 cană de unt. Jumătate va fi pentru crustă și jumătate pentru fudge. Combinați făina de migdale și jumătate din untul topit.
- Adăugați eritritol și scorțișoară, apoi amestecați. Daca folosesti unt nesarat, adauga un praf de sare pentru a scoate mai multe arome.
- Amestecați până se omogenizează și apăsați pe fundul unui vas de copt tapetat cu hârtie de copt. Coaceți crusta timp de 10 minute sau până când marginile devin maro auriu. Scoateți-l și lăsați-l să se răcească.
- Pentru umplutură, combinați toate ingredientele pentru fudge într-un blender mic sau într-un robot de bucătărie și amestecați. Puteți folosi și un mixer electric de mână și un bol.
- Asigurați-vă că răzuiți părțile laterale și obțineți toate ingredientele bine combinate.
- După ce crusta s-a răcit, întindeți ușor stratul de fudge până pe părțile laterale ale vasului de copt. Folosește o spatulă pentru a uniformiza partea de sus cât mai bine poți.
- Chiar înainte de a vă răcori, completați batoanele cu niște ciocolată tocată. Aceasta poate fi sub formă de chipsuri de ciocolată fără zahăr, ciocolată neagră fără zahăr sau doar ciocolată neagră veche și bună. Am folosit ciocolata Lily's Stevia Sweetened.
- Dați la frigider peste noapte sau congelați dacă doriți în curând.
- Când s-a răcit, scoateți batoanele trăgând de hârtie de pergament. Cu în 8-10 batoane și serviți! Aceste batoane cu unt de arahide ar trebui savurate reci! Dacă le luați la mers, asigurați-vă că le transportați într-o pungă de prânz izolată pentru a le menține ferm.

f) Brownie-urile preferate de dovlecel

h) 1/4 c. unt, topit
i) 1 c. Brownies cu unt de arahide
j) 1 ou, batut
k) 1 t. extract de vanilie
l) 1 c. făină universală
m) 1 t. praf de copt
n) 1/2 t. bicarbonat de sodiu
o) 1 T. apă
p) 1/2 t. sare
q) 2-1/2 T. cacao de copt
r) 1/2 c. nuci tocate
s) 3/4 c. dovlecel, tocat
t) 1/2 c. chipsuri de ciocolată semidulce

- Într-un castron mare, amestecați toate ingredientele, cu excepția chipsurilor de ciocolată.
- Întindeți aluatul într-o tavă unsă cu unsoare de 8"x8"; se presara aluatul cu chipsuri de ciocolata.
- Se coace la 350 de grade timp de 35 de minute. Se răcește înainte de a le tăia în batoane. Face o duzină.

g) Brownies de ciocolată cu malț

- 12 oz. pachet. chipsuri de ciocolată cu lapte
- 1/2 c. unt, înmuiat
- 3/4 c. zahăr
- 1 t. extract de vanilie
- 3 oua, batute
- 1-3/4 c. făină universală
- 1/2 c. lapte praf malt
- 1/2 t. sare
- 1 c. bile de lapte malt, tocate grosier

1. Topiți fulgii de ciocolată și untul într-o cratiță la foc mic, amestecând des. Se ia de pe foc; se lasa sa se raceasca putin.
2. Amestecați ingredientele rămase, cu excepția biluțelor de lapte cu malț, în ordinea dată.
3. Întindeți aluatul într-o tavă unsă cu unsoare de 13"x9". Se presara cu bile de lapte malt; Coaceți la 350 de grade timp de 30 până la 35 de minute. Rece. Tăiați în batoane. Face 2 duzini.

h) Brownie-uri germane de ciocolată

- 14 oz. pachet. caramele, desfacute
- 1/3 c. lapte evaporat
- 18-1/4 oz. pachet. Amestecul de prăjitură cu ciocolată germană
- 1 c. nuci tocate
- 3/4 c. unt, topit
- 1 până la 2 c. chipsuri de ciocolată semidulce

1. Topiți caramelele cu laptele evaporat la băutură. Într-un castron, combinați amestecul uscat de prăjitură, nucile și untul; se amestecă până când amestecul se îmbină. Apăsați jumătate din aluat într-o tavă de copt unsă și unsă cu făină de 13"x9".
2. Se coace la 350 de grade timp de 6 minute. Scoateți din cuptor; se presară cu fulgi de ciocolată și se stropește cu amestec de caramel. Se pune deasupra aluatul rămas.
3. Coaceți la 350 de grade timp de 15 până la 18 minute mai mult. Rece; tăiate în bare. Face 1-1/2 duzină.

16. Fudge cu ceai verde matcha

Ingrediente:

- Unt de migdale prajit, 85 g
- Făină de ovăz, 60 g
- Lapte de migdale vanilat neindulcit, 1 cana
- Proteine pudră, 168 g
- Ciocolată neagră, 4 oz. topit
- Pudră de ceai verde Matcha, 4 linguriţe
- Extract de Stevia, 1 lingurita
- Lămâie, 10 picături

Metodă:

1. Topiţi untul într-o cratiţă şi adăugaţi făină de ovăz, praf de ceai, pudră proteică, picături de lămâie şi stevia. Se amestecă bine.
2. Acum se toarnă laptele şi se amestecă constant până se omogenizează bine.
3. Transferaţi amestecul într-o tavă şi daţi la frigider până se fixează.
4. Deasupra se stropesc ciocolata topita si se da din nou la frigider pana cand ciocolata devine tare.
5. Tăiaţi în 5 batoane şi savuraţi.

17. Brownie de turtă dulce

- 1-1/2 c. făină universală
- 1 c. zahăr
- 1/2 t. bicarbonat de sodiu
- 1/4 c. coace cacao
- 1 t. ghimbir măcinat
- 1 t. scorţişoară
- 1/2 t. cuişoare măcinate
- 1/4 c. unt, topit si putin racit
- 1/3 c. melasă
- 2 ouă, bătute
- Garnitura: zahar pudra

1. Într-un castron mare, combinaţi făina, zahărul, bicarbonatul de sodiu, cacao şi condimentele. Într-un castron separat, combinaţi untul, melasa şi ouăle. Adăugaţi amestecul de unt în amestecul de făină, amestecând până când se combină.
2. Întindeţi aluatul într-o tavă unsă cu unsoare de 13"x9". Coaceţi la 350 de grade timp de 20 de minute sau până când o scobitoare este curată când este introdusă în centru.
3. Se răceşte în tigaie pe un grătar. Se presară cu zahăr pudră. Tăiaţi în pătrate. Face 2 duzini.

18. Brownie de ciocolată cu miere

Ingrediente:

- 1 cană de unt sau ulei topit
- ½ cană de pudră topită neindulcită sau de cocoa
- 4 ouă
- 1 cană dragă
- 2 teaspoons vanilie
- 2 căni de făină albă nealbită
- 2 teaspoons praf de copt
- ½ linguriță de sare de mare
- 1 cup stafide s
- 1 cană nuci tocate

  Direcții:
- Preîncălziți cuptorul la 350 de grade F.
- Bateți untul, ciocolata, carob or cocoa și mierea împreună până se omogenizează. Adăugați ouăle și vanilia; amesteca bine.
- Adăugați ingredientele uscate, amestecați până se umezesc. Adăugați stafidele și nucile și amestecați bine.
- Turnați aluatul într-o tavă unsă cu unsoare de 9x13 inch. Coaceți timp de 45 de minute sau până când este gata.
- Tăiați în 24 e q ual pieces (appoximately 2 ‖ x 2 ‖) , eac h se rving h as 2 t easpoo n s of e r e r = high d os c s c o s s (

aproximativ 2‖ x 1 ‖) = m e dium dose.

19. Brownie-uri cu mentă

Ingrediente:

- 1 cană de unt
- 6 uncii de ciocolată neindulcită
- 2 cups sugar
- 1 lingurita praf de copt
- 1½ linguriță de vanilie
- ½ lingurita sare
- 1½ cană de făină
- 1 cană nuci sau nuci pecan, măcinate fin
- 1 1/2 uncii pungă Hershey's chips de ciocolată cu mentă
- 4 ouă

Direcții:

- Preîncălziți cuptorul.
- Într-o cantitate medie, topește untul și ciocolata neindulcită la foc mic, amestecând constant. Scoateți de pe căldură și lăsați să se răcească.
- Ungeți tava de 9 × 13 inch și lăsați-o deoparte. Se amestecă zahărul în amestecul de ciocolat răcit într-o cratiță. Bateți ouăle și adăugați-le încet în amestecul de ciocolată. Se amestecă vanilie.
- Într-un bol, amestecați făina, bicarbonatul de sodiu și sarea.
- Adăugați amestecul de făină la amestecul de shocolate până când se combină. Se amestecă nucile și chipsurile de chocolate de mentă. Răspândiți aluatul în tigaia pregătită.
- Coaceți timp de 30 de minute. Răciți pe grătar înainte de a fi depozitat.

20. Pecan Brownies

Ingrediente:
a) 1 cană de unt
b) 2/3 cană ciocolată
c) 1 lingurita extract de vanilie
d) Zjeste de portocală (orițional)
e) 5 albușuri
f) 4 gălbenuș de ou
g) 3/4 cană zahăr
h) 1/3 cană făină
i) 1 lingură cocoa powder
j) 1/2 cană nuci pecan măcinate

Direcții:
- Preîncălziți cuptorul la 220 de grade F.
- Folosiți un cazan dublu punând un vas deasupra unei oale cu apă la foc mediu mare.
- Adăugați alegerea, untul, extractul de vanilie și zeasta de portocale în bolul gol și amestecați pentru a se încorpora.
- Luați bolul de pe foc și lăsați-l deoparte. (Nu veți mai avea nevoie de căldură din acest punct.)
- Puneți albușurile într-un castron separat.
- Bateți albușurile până se formează peaks albe tari, folosind un mixer electric sau un tel; pus deoparte.
- Adaugă gălbenușul tău de ou într-un alt bol separat și adaugă zahăr. Amestecați pentru a incorporate.
- Adăugați amestecul dvs. de ciocolat în amestecul de ou-călbuș și amestecați-le încet pe ambele folosind o spatulă.
- Odată incorporate, cerneți făina, cocoa powder and și adăugați yor pecans.
- Acum adaugă albușul tău pufos de ou în amestec și încorporează totul împreună folosind o spatulă. Tapetați o tigaie de copt cu arșament și adăugați amestecul dvs. finit.
- Acum coaceți timp de 60 de minute, iar marourile dvs. vor fi gata.

21. Brownie-uri cu mentă cu sos de toffee

INGREDIENTE

Brownie-uri

a) 1 cană (230 g) unt nesărat
b) 2 uncii de ciocolată semidulce, tocată grosier
c) 1 și 1/2 cană (300 g) zahăr granulat
d) 1/2 cană (100 g) zahăr brun deschis la pachet
e) 2 oua mari, la temperatura camerei
f) 2 lingurite extract pur de vanilie
g) 1/2 lingurita sare
h) 1/2 cană + 3 linguri (85 g) făină universală (linguriță și nivelată)
i) 1/4 cană (21 g) pudră de cacao naturală, neîndulcită
Strat de glazură de mentă

- 1/2 cană (115 g) unt nesărat, înmuiat la temperatura camerei
- 2 cesti (240 g) zahar de cofetarie
- 2 linguri (30 ml) lapte
- 1 și 1/4 linguriță extract de mentă*
- optional: 1 picatura colorant alimentar verde lichid sau gel
Strat de ciocolată
- 1/2 cană (115 g) unt nesărat
- 1 cană grămadă (aproximativ 200 g) chipsuri de ciocolată semidulce

Sos de toffee sărat

1. 7 linguri. unt
2. 9 linguri. unt nesarat
3. 1 cană smântână groasă
4. 1 cană de zahăr brun închis, ambalat ferm
5. ½ linguriță. sare

Instrucţiuni

Pentru brownies:

1. Topiți untul și ciocolata tocată într-o cratiță medie la foc mediu, amestecând constant, aproximativ 5 minute. Sau se topește într-un vas mediu sigur pentru microunde în trepte de 20 de secunde, amestecând după fiecare, în cuptorul cu microunde. Se ia de pe foc, se toarnă într-un castron mare și se lasă să se răcească puțin timp de 10 minute.

2. Ajustați grătarul cuptorului în poziția a treia inferioară și preîncălziți cuptorul la 350°F (177°C). Tapetați fundul și părțile laterale ale unei tavi de copt de 9×13* cu folie de aluminiu sau hârtie de copt, lăsând o proeminență pe toate părțile. Pune deoparte.

3. Bateți zahărul granulat și brun în amestecul răcit de ciocolată/unt. Adăugați ouăle, unul câte unul, amestecând până se omogenizează după fiecare adăugare. Se amestecă vanilia. Încorporați ușor sarea, făina și pudra de cacao. Turnați aluatul în tava pregătită și coaceți timp de 35-36 de minute sau până când brownies-urile încep să se desprindă de marginile tigăii.

4. Odată ce s-a răcit complet, ridicați folia din tigaie folosind proeminența de pe laterale. Puneți totul pe o foaie de copt în timp ce faceți glazura. Nu tăiați încă pătrate.

Pentru stratul de glazură cu mentă:

- Într-un castron mediu, folosind un mixer portabil sau cu suport prevăzut cu un accesoriu cu paletă, bateți untul la viteză medie până când se omogenizează și devine cremos, aproximativ 2 minute. Adăugați zahărul de cofetă și laptele. Bateți timp de 2 minute la viteză mică, apoi creșteți la viteză mare și bateți încă 1 minut. Adăugați extractul de mentă și colorantul alimentar (dacă folosiți) și bateți la maxim 1 minut întreg. Gustați și adăugați încă o picătură sau două extracte de mentă dacă doriți.

- Înghețați brownies-urile răcite pe care le-ați așezat pe tava de copt și puneți tava la frigider. Acest lucru permite ca glazura să se „așeze" deasupra brownie-urilor, ceea ce face ușoară întinderea stratului de ciocolată. Păstrați la frigider cel puțin 1 oră și până la 4 ore.

Pentru stratul de ciocolata:

a) Topiți untul și fulgii de ciocolată într-o cratiță medie la foc mediu, amestecând constant, aproximativ 5 minute. Sau se topește într-un vas mediu sigur pentru microunde în trepte de 20 de secunde, amestecând după fiecare, în cuptorul cu microunde. Odată topit și neted, turnați peste stratul de mentă.

b) Răspândiți ușor cu un cuțit sau o spatulă offset. Puneți brownies-urile care sunt încă pe foaia de copt, la frigider și dați la rece timp de 1 oră (și până la 4 ore sau chiar peste noapte) pentru a se întări ciocolata.

c) După ce s-a răcit, se scoate din frigider și se taie în pătrate. Pentru o tăiere îngrijită, faceți tăieturi foarte rapide, folosind un cuțit mare foarte ascuțit și ștergând cuțitul cu un prosop de hârtie între fiecare tăietură. Brownies-urile sunt OK la temperatura camerei pentru câteva ore. Acoperiți bine și păstrați resturile la frigider până la 5 zile.

Pentru sosul de caramel:

- Într-o cratiță medie la foc mediu-mic, combinați untul, untul nesărat, smântâna groasă, zahărul brun închis și sarea. Aduceți la fiert, amestecând des.
- Continuați să fierbeți timp de 10 minute până când sosul începe să scadă și să se îngroașe. Se ia de pe foc. Lăsați sosul să se răcească puțin înainte de servire.

22. Marouri de ciocolată și nucșoară

Ingrediente:

1. 1/4 lira unt
2. 1/4 round chocolate întunecat
3. 1 cană de zahăr alb
4. 4 ouă obișnuite
5. 1/2 cană făină simplă
6. nucșoară
7. Scorțișoară
8. 2 mese de vanilie

Direcții

- Preîncălzește-ți cuptorul la 350 de grade F.
- Se topește untul la foc mic, apoi se adaugă ciocolata (în cuburi este cea mai uickes) și se topește cu untul deja topit; se amestecă în mod regulat, astfel încât să devină unt chocolate!
- De îndată ce ciocolata s-a topit în întregime, adăugați scorțișoară, nucșoară și zahăr alb; se amestecă și se fierbe câteva minute.
- Adăugați ouăle, pe rând, bătându-le astfel încât gălbenușul să se rupă. Continuați să amestecați amestecul la foc mic până când este complet neted.
- Adăugați făina și canabisul măcinat fin la amestec. Dacă îți plac nucile, atunci poți să adaugi o parte dintr-o cupă din nuca ta preferată, dacă vrei. Se amestecă bine; dacă este dificil de amestecat, atunci adăugați o sticlă mică de lapte.
- Turnați amestecul într-o tigaie unsă de 9x13 inch, dacă nu aveți una, una mai mică este OK - înseamnă doar o maronie mai groasă și puțin mai puțin.
- Coaceți amestecul timp de 20-25 de minute, uneori este nevoie de puțin mai mult timp .
- Odată ce arată și se simte ca un brownie uriaș, tăiați-l în aproximativ 20 de ore . Nu contează câte pătrate, desigur.
- Dozare: Așteptați o oră și vedeți cum vă simțiți. Atunci mănâncă mai mult după cum este necesar! Aceste marouri au

un gust delicios și este greu să rezistați să le mâncați, dar nu doriți să mâncați prea multe și apoi alb!

23. Unt de arahide Swirl Brownie
Ingrediente:

- 2 mese de unt de cann, mai des
- 2 mese de zahăr
- 1 1/2 linguri de zahăr brun
- 1 tablespoon cocoa powder
- 1 gălbenuş de ou
- 3 linguri de faina
- Pinch de salt
- Strop de vanilie
- 1 tablespoon creamy unt de arahide

Direcţii:

1. Se amestecă untul de cana, zahăr, zahăr brun, vanilie şi gălbenuş de ou până se omogenizează.
2. Se amestecă sarea şi făina până se combină bine. Se amestecă chocolate chips în ultimul.
3. Se toarnă într-o cană sau o cană, apoi se unge deasupra cu unt de alune.
4. Se roteşte uşor cu un cuţit de unt.
5. 5,75 seconds la microunde până la terminare.

24. Brownie de dovleac

Ingrediente:
1. 2/3 cup packed sugar maro
2. 1/2 cană de dovleac conservat
3. 1 ou întreg
4. 2 albușuri
5. 1/4 cup cannanabutter
6. 1 cană de făină integrală
7. 1 linguriță de praf de copt
8. 1 lingurita pudra de cacao neindulcita
9. 1/2 linguriță de scorțișoară măcinată
10. 1/2 linguriță măcinată toate
11. 1/4 linguriță de sare
12. 1/4 linguriță de nucă măcinată g
13. 1/3 cup miniature pieces de ciocolată semidulce

Direcții:

- Preîncălziți cuptorul la 350 de grade F.
- Într-un bol mare, amestecați zahărul brun, dovleacul, oul întreg, albușul și uleiul.
- Bateți cu un mixer electric la viteză medie până se omogenizează.
- Adăugați făină, praf de copt, praf de cocoa, scorțișoară, ienibahar, sare și nucșoară
- Beat on low speeed până smooth. Se amestecă semisweet chocolate pieces.
- Pulverizați o tavă de copt de 11 × 7 inch cu un strat antilipitor.
- Pour bater ino pan. Răspândiți uniform.
- Coaceți 15 până la 20 de minute sau până când un dinți introdus în apropierea centrului iese curățat.

COGRĂȚI, COVRIGI ȘI NUGATINE

25. Scoarță de Buddha de mentă

Ingrediente:

1. 12 uncie ciocolată albă
2. 6 ounces chocolate demidulce
3. 4 mese de ulei de nuci
4. ½ linguriță extract de mentă
5. 3 bomboane (crușate)

Direcții

- Tapetați o tavă de copt de 9 × 9 inch cu niște pergament sau folie de aluminiu, asigurându-vă că înfășurați folia peste părțile laterale ale râului și îndepărtați ușor orice ridă. Acest pas va asigura o curățare rapidă și va permite, de asemenea, scoarței de mentă să se desprindă cu ușurință atunci când vine timpul să-l împărțim în piese individuale.
- Topim împreună chocolate chips demidulci și chocolate chips alb. Pentru a face acest lucru, creați un boiler dublu folosind un vas încălzit și un saucepan umplut cu apă. Alegeți un castron care se potrivește perfect deasupra cratiței (nu folosiți un vas care se așează precar deasupra). Vreți, de asemenea, să vă asigurați că fundul vasului nu atinge apa sau riscați să ardeți alegerea.
- În plus, această rețetă folosește 3 straturi de ciocolată pentru coajă (albă, semisdulce, albă). Simțiți-vă liber să schimbați opțiunile de alegere și să inversați așezarea (semi-dulce, alb, semiswee) dacă vă rog!
- Aduceți apa în saucepan to simmere, and plasați vasul heafe safe care conține chips dvs. de ciocolată albă peste sauce pan.
- Topiți chipsurile albe de ciocolată până devin moale
- Adăugați în 4 mese de ulei de nucă infuzat cu cannabis și ½ linguriță de extract de mentă.
- Se amestecă până când ambele uleiuri s-au dizolvat complet în ciocolata albă. În afară de medicația mâncării, uleiul de nucă va crea, de asemenea, o strălucire plăcută în scoarță și îi va permite să aibă un „snap " bun când va fi regele . p i eces .

- Odată ce chocolate alb topit este din nou moale, pour jumătate din el în pan pregătit. Înclinați pan atere pour în halat the chocolate alb etete to ense an evenvel anvel evenț / prim strat.
- Puneți pan în frigider și lăsați primul strat de chocolate să se întărească complet, aproximativ 30 de minute și ceva.
- În timp ce primul strat de coajă se întărește, repetați pașii de mai sus pentru a pregăti un al doilea cazan dublu pentru ciocolata semidulce.
- Odată ce bucățile voastre de ciocolată demidulce sunt topite complet, scoateți vasul din boilerul dublu.
- Luați tigaia care conține primul strat de ciocolat alb din frigider și pregătiți să turnați întregul bol cu fulgi de ciocolată topite, de la început. Este extrem de important ca stratul inițial de culoare albă să fie complet întărit, deoarece introducerea celui de-al doilea strat îi va determina să se amestece dacă acest lucru nu este deloc.
- Răspândiți cel de-al doilea strat de chips-uri de chocolate uniform pe tot pan folosind o spatulă sau un cuțit de brutar.
- Puneți masa înapoi în frigider în timp ce așteptați ca al doilea strat de ciocolată să se pună, din nou, aproximativ 30 de minute și ceva.
- Când s-a format al doilea strat de ciocolat, adăugați cel de-al treilea și ultimul strat de schocolat alb deasupra stratului slab. Întindeți acest al treilea strat uniform cu o spatulă.
- Puneți bomboane într-o pungă Ziploc și pregătiți să le zdrobiți în bucăți mici folosind spatele unui oală sau un sucitor.
- Presărați bastonașele de bomboane zdrobite deasupra celui de-al treilea și ultimul strat de scholat alb care acoperă întreaga suprafață, apoi puneți-l înapoi în frig până când ajunge la rece (30 minute până la 1 oră).
- Când este gata să mănânci, scoateți scoarța de pe frigider și trageți-o pe părțile laterale ale foliei de aluminiu – scoarța ar trebui să se ridice imediat!
- Spargeți coaja în bucăți individuale și fie ambalați-le pentru a le oferi cadou, fie serviți-le oaspeților dvs. imediat!

26. Scoarță de ciocolată cu nuci pecan confiate

Ingrediente:
a) 2 linguri. unt
b) 1 cană jumătăți de nuci pecan
c) 2 linguri. zahăr brun deschis sau închis, bine ambalat
d) 2 cesti chipsuri de ciocolata neagra
e) 2 linguri. ghimbir cristalizat

Direcții
a) Într-o cratiță mică, la foc mic, încălziți untul timp de 2 până la 3 minute sau până se topește complet. Adăugați jumătăți de nuci pecan și amestecați timp de 3 până la 5 minute până când sunt parfumate și de nucă. Amestecați zahărul brun deschis, amestecând constant, timp de aproximativ 1 minut sau până când nucile pecan sunt acoperite uniform și au început să se caramelizeze. Se ia de pe foc.
b) Întindeți nucile pecan caramelizate pe hârtie de pergament și lăsați să se răcească. Tăiați grosier nucile pecan și lăsați-le deoparte.
c) Într-un boiler la foc mediu, amestecați fulgii de ciocolată neagră timp de 5 până la 7 minute sau până se topesc complet.
d) Pe o tava tapetata cu hartie de copt intindem ciocolata topita.
e) Presărați uniform deasupra nuci pecan caramelizate și ghimbir cristalizat. Se lasa deoparte 1-2 ore sau pana cand ciocolata s-a intarit. Tăiați sau spargeți coaja în 6 bucăți egale.
f) Depozitare: A se păstra acoperit într-un recipient ermetic la frigider până la 6 săptămâni sau în congelator până la 6 luni.

a) Blondii cu semințe de chia cu unt de nuci pecan

INGREDIENTE

- 2 1/4 căni de nuci pecan, prăjite
- 1/2 cană semințe de chia
- 1/4 cană unt, topit
- 1/4 cană eritritol, pudră
- 3 linguri. Caramel Sărat SF Torani
- picături Stevia lichidă
- 3 ouă mari
- 1 lingura Praf de copt
- 3 linguri. Crema grea
- 1 praf de sare

INSTRUCȚIUNI

a) Preîncălziți cuptorul la 350F. Măsurați 2 1/4 cană de nuci pecan și coaceți aproximativ 10 minute. Odată ce puteți mirosi o aromă de nuci, îndepărtați nucile
b) Măcinați 1/2 cană de semințe întregi de chia într-o râșniță de condimente până se formează o masă.
c) Scoateți făina de chia și puneți-o într-un castron. Apoi, măcinați 1/4 de cană de eritritol într-o râșniță de mirodenii până se face pudră. Așezați în același castron ca și masa de chia.
d) Pune 2/3 de nuci pecan prăjite în robotul de bucătărie.
e) Procesați nucile, răzuind părțile în jos, după cum este necesar, până când se formează unt de nuci neted.
f) Adăugați 3 ouă mari, 10 picături de stevie lichidă, 3 linguri. Sirop Torani de Caramel Sărat SF și un praf de sare la amestecul de chia. Se amestecă bine.
g) Adăugați untul de nuci pecan în aluat și amestecați din nou.
h) Folosind un sucitor, zdrobiți restul nucilor pecan prăjite în bucăți în interiorul unei pungi de plastic.

i) Adăugați nuci pecan zdrobite și 1/4 cană unt topit în aluat.
j) Se amestecă bine aluatul, apoi se adaugă 3 linguri. Smântână groasă și 1 linguriță. Praf de copt. Amesteca totul bine.
k) Se măsoară aluatul într-o tavă de 9×9 și se netezește.
l) Coaceți timp de 20 de minute sau până la consistența dorită.
m) Se lasa sa se raceasca aproximativ 10 minute. Tăiați marginile brownie-ului pentru a crea un pătrat uniform. Aceasta este ceea ce eu numesc „tratarea brutarilor" – da, ai ghicit!
n) Gustați acei băieți răi în timp ce îi pregătiți pentru a servi tuturor celorlalți. Așa-numita „partea cea mai bună" a brownie-ului sunt marginile și de aceea meriți să ai tot.
o) Servește și mănâncă cu conținutul inimii (sau mai bine zis macro)!

28. Mango uscat înmuiat în ciocolată

Ingrediente:
a) 1 cană chipsuri de ciocolată neagră
b) 2 linguri. ulei de cocos
c) 12 bucăți mari de mango uscat neîndulcit
d) 6 linguri. nucă de cocos mărunțită (opțional)

Direcții
- Tapetați o foaie de copt cu hârtie de copt și lăsați deoparte. Într-un boiler la foc mediu, combinați fulgii de ciocolată neagră și uleiul de cocos.
- Se amestecă timp de 5 până la 7 minute sau până când ciocolata este complet topită și bine combinată cu uleiul de cocos. Se ia de pe foc.
- Cu o furculiță sau cu mâinile, scufundați fiecare bucată de mango în ciocolată topită și lăsați orice exces să picure înapoi în bol. Puneți bucățile de mango scufundate pe foaia de copt pregătită.
- Presărați nucă de cocos mărunțită (dacă se folosește) peste bucățile de mango scufundate. Dă la frigider pentru 30 de minute sau până când ciocolata se întărește.
- Depozitare: A se păstra acoperit într-un recipient ermetic la frigider până la 6 săptămâni sau în congelator până la 6 luni.

29. Tijele de covrig cu ciocolata alba

Ingrediente:
- ¼ de cană de biți de caramel
- 1 cană de ciocolată albă se topește
- 2 linguri. unt
- 6 tije de covrig

Direcții

- Tapetați o foaie de copt cu hârtie de copt şi lăsaţi deoparte. Se toarnă bucăţi de caramel pe o farfurie mică lângă foaia de copt.
- Într-un boiler la foc mediu, combinaţi ciocolata albă topită şi untul, amestecând ocazional, timp de 5 până la 7 minute până când ciocolata albă este complet topită.
- Înmuiaţi ¾ din fiecare tijă de covrig în ciocolată albă topită, permiţând orice exces de ciocolată să picure înapoi în oală.
- Rulaţi fiecare tijă de covrig în bucăţi de caramel şi aşezaţi-o pe foaia de copt pregătită. Lăsaţi să se stabilească timp de cel puţin 30 de minute.

- Depozitare: A se păstra într-un recipient ermetic la frigider până la 1 lună.

30. Nougatină înmuiată în ciocolată

Ingrediente:
a) ¾ cană zahăr granulat
b) ⅓ cană sirop ușor de porumb
c) ¼ cană fistic tocat
d) ¾ cană migdale feliate
e) 2 linguri. unt
f) 1 cană chipsuri de ciocolată neagră

Direcții

a) Tapetați o foaie de copt cu hârtie de copt și lăsați deoparte. Într-o cratiță medie la foc mediu, amestecați zahărul și siropul ușor de porumb timp de 5 până la 7 minute până când amestecul se topește și începe să se caramelizeze.
b) Amestecați fisticul, migdalele și untul și amestecați timp de 2 până la 3 minute pentru a prăji ușor migdalele. (Nu fierbe.)
c) Transferați amestecul de nougatine pe foaia de copt pregătită și acoperiți cu o foaie suplimentară de hârtie de copt. Întindeți uniform cu un sucitor până la aproximativ ½ inch (1,25 cm) grosime. Tăiați în 12 bucăți.
d) Într-un boiler la foc mediu, încălziți fulgi de ciocolată neagră timp de 5 până la 7 minute sau până se topesc.
e) Înmuiați bucățile de nougatine în ciocolată topită, acoperind doar jumătate din nougatine și întoarceți-vă pe foaia de copt tapetată cu pergament. Lăsați ciocolata să se întărească cel puțin 1 oră.
f) Depozitare: A se păstra într-un recipient etanș până la 1 săptămână.

DESERT TRUFE & MILE

31. Bilele de unt de arahide

Articole necesare:

- Bol de amestecare
- Boiler dublu
- tavă
- Parere de ceară
- Toothpicks

Ingrediente:

- 1 1/2 cani de unt de arahide
- 1 cană de unt de cană (întărit)
- 4 cups confectioners' suga r
- 1 1/3 cups Graham cracker crumbs
- 2 cesti semisweet chocolate chips
- 1 tabelă de scurtare

Direcții:

a) Puneți untul de arahide și untul de cana într-un castron mare. Amestecați încet zahărul din confectioners, asigurându-vă că nu se încurcă. Adăugați firimituri Graham cracker și amestecați până când consistency devine suficient de solidă pentru a se transforma în bile.

b) Faceți bile cu diametrul de un inch.

c) Topiți ciocolata și scurtarea într-un cazan cu fund dublu. Înțepăți o scobitoare în fiecare bilă și apoi scufundați-le una câte una în amestecul de ciocolată.

d) Puneți bilele înfășurate de chocolate pe paper de ceară pe o tavă. Puneți la congelator pentru aproximativ 30 de minute până când bilele sunt toate lipite.

32. Trufe Ancho chile

Ingrediente:
a) ⅔ cană smântână groasă
b) 5 linguri. unt
c) 3 lingurite pulbere de chile ancho
d) 2 lingurite scorțișoară măcinată
e) Sare
f) ½ lb. (225 g) ciocolată amăruie, tocată
g) 1 lingura pudră de cacao

Direcții
1. Tapetați o tavă de copt de 9 × 13 inchi (23 × 33 cm) cu hârtie de copt și lăsați deoparte. Într-o cratiță medie la foc mediu-mic, combinați smântâna groasă, 3 linguri de unt, 2 lingurițe de praf de chile ancho, scorțișoară și sare. Aduceți amestecul la fierbere, acoperiți și luați de pe foc. Se lasa sa stea 2 ore.
2. Reveniți cratița la foc mediu-mic. Cand ajunge la fiert, se ia de pe foc si se adauga ciocolata amara si restul de 2 linguri de unt. Amestecați timp de 2 până la 3 minute sau până când ciocolata se topește și amestecul este omogen. Se toarnă în tava pregătită și se dă la frigider timp de 4 ore.
3. Folosind o lingură și mâinile, formați amestecul în 16 bile de 1 inch (2,5 cm). Pune bilele pe o tavă curată tapetată cu hârtie de copt și dă-le la frigider timp de 30 de minute.
4. Într-un castron mic, combinați 1 linguriță de praf de chile ancho și pudra de cacao. Rulați bilele în pudră și puneți-le înapoi pe hârtie de pergament.
5. Depozitare: Savurați în aceeași zi la temperatura camerei sau păstrați într-un recipient ermetic la frigider până la 1 săptămână.

33. Trufe de ciocolată

Timp de preparare: 15-20 minute
Timp de preparare: 0 minute
Porții: 10-12

Ingrediente:

- ½ cană de unt înmuiat
- ½ cană de zahăr pudră
- ¼ cană pudră de cacao neîndulcită
- ½ cană făină de migdale
- Praf mare de sare
- Dash extract de migdale
- Dash extract de vanilie
- 24 migdale întregi, prăjite în unt și sare
- 1 cană nucă de cocos mărunțită neîndulcită

Direcții:

- Tapetați o foaie de copt cu hârtie de copt. Într-un castron, puneți toate ingredientele pregătite, cu excepția migdalelor întregi și a nucii de cocos și amestecați ușor până când amestecul este destul de omogen.
- Rulați lingurițe de amestec între palme în bile. (Lucrați rapid, deoarece untul se moale foarte repede. Dă-ți la frigider câteva minute dacă amestecul devine prea moale.)
- Dacă folosiți migdale prăjite, puneți una în centrul fiecăreia și rulați din nou rapid pentru a netezi lucrurile.
- Puneți nuca de cocos într-un castron și rulați biluțele în nucă de cocos până se îmbracă. Se pune pe tava de copt și se da la frigider pentru a se întări. Păstrați mâncarea într-un recipient

de sticlă la frigider.

34. Cireşe acoperite cu ciocolată

Timp de preparare: 1 ½ h.
Timp de preparare: 5 minute
Porţii: 12

Ingrediente:

- 24 de cirese cu tulpini (indepartati samburii sau folositi pe cele uscate)
- 1 cană chipsuri de ciocolată cu lapte
- 1 cană chipsuri de ciocolată neagră
- ¼ cană de ulei de cocos

Direcţii:

a) Într-un castron sigur pentru cuptorul cu microunde, încălziţi fulgi de ciocolată neagră, fulgi de ciocolată cu lapte şi ulei de cocos.
b) Se încălzeşte amestecul la intervale de 20 de secunde şi se amestecă pe rând până când s-a topit în cele din urmă.
c) Asiguraţi-vă că ciocolata nu este prea fierbinte. Acoperiţi cireşele cu ciocolată şi lăsaţi excesul de ciocolată să picure. Puneţi cireşele pe o hârtie tapetată cu ceară.
d) După ce toate cireşele sunt gata, transferaţi-le la frigider pentru 1 oră

e) Acoperiți de două ori cireşele dacă doriți (transferați din nou în frigider) Bucură-te!

35. Fudge napolitan

INGREDIENTE
a) ½ cană de unt înmuiat
b) 1/2 cană ulei de cocos
c) 1/2 cană smântână
d) 1/2 cană cremă de brânză
e) 2 linguri. Eritritol
f) 25 de picături Stevia lichidă
g) 2 linguri. Pudră de cacao
h) 1 lingura Extract de vanilie
i) 2 căpșuni medii

INSTRUCȚIUNI
9. Într-un castron, combinați untul, uleiul de cocos, smântâna, cremă de brânză, eritritol și stevia lichidă.
10. Folosind un blender de imersie, amestecați ingredientele într-un amestec omogen.
11. Împărțiți amestecul în 3 boluri diferite. Adăugați pudră de cacao într-un castron, căpșunile într-un alt castron și vanilia în ultimul castron.
12. Amestecă din nou toate ingredientele folosind un blender de imersie. Separați amestecul de ciocolată într-un recipient cu gura de scurgere.
13. Se toarnă amestecul de ciocolată în matriță pentru bombe de grăsime. Pune la congelator timp de 30 de minute, apoi repetă cu amestecul de vanilie.
14. Congelați amestecul de vanilie timp de 30 de minute, apoi repetați procesul cu amestecul de căpșuni. Congelați din nou timp de cel puțin 1 oră.
15. Odată ce sunt complet înghețate, scoateți din formele pentru bombe de grăsime.

36. Biluțe de broccoli cu brânză

INGREDIENTE

Fritterele
- 250 g unt topit
- 3/4 cană făină de migdale
- 1/4 cană + 3 linguri. Făină din semințe de in
- oz. Broccoli proaspăt
- oz. Brânză Mozzarella
- 2 ouă mari
- 2 lingurite Praf de copt
- Sare si piper dupa gust
INSTRUCȚIUNI
- Adăugați broccoli într-un robot de bucătărie și pulsați până când broccoli este descompus în bucăți mici. Vrei să fie bine procesat.
- Amesteca branza, faina de migdale, untul, faina de in si praful de copt cu broccoli. Dacă doriți să adăugați condimente suplimentare (sare și piper), faceți-o în acest moment.
- Adaugam cele 2 oua si amestecam bine pana se incorporeaza totul.
- Rulați aluatul în bile și apoi acoperiți cu făină de semințe de in.
- Continuați să faceți acest lucru cu tot aluatul și puneți deoparte pe prosoape de hârtie.
- Încălzește-ți friteuza la 375F. Folosesc această friteuză. Odată gata, așezați broccoli și friștele de brânză în interiorul coșului, fără a-l supraaglomera.
- Prăjiți frijiile până devin aurii, aproximativ 3-5 minute. Odată gata, întindeți pe prosoape de hârtie pentru a scurge excesul de grăsime și asezonați după gusturile dvs.
- Simțiți-vă liber să faceți un mărar gustos și maioneză cu lămâie pentru o baie. Bucurați-vă

37. Cireşe înmuiate în ciocolată

Ingrediente:
- 1 cup dark chocolate chips
- 1 cană de ciocolată cu lapte
- ¼ cană ulei de cocos
- 24 de cireşe cu tulpini (spălate şi uscate; dacă folosiţi cireşe proaspete, nu uitaţi să eliminaţi pit!)

Direcţii:
- Heat lapte chocolate chips, dark chocolate chips şi ulei de nucă într-un vas microunde safe. Scoateţi şi amestecaţi la fiecare 20 de secunde până se topeşte. Chocolatul ar trebui să fie cald, dar nu fierbinte.
- Înmuiaţi cireşele uscate de tulpini în chocolate, pe rând, lăsând excesul de chocolate să picure înapoi în bol.
- Puneţi cireşe pe o farfurie de ceară pentru a se usuca. Repetaţi până când toate cireşele sunt acoperite. Salvaţi o alegere suplimentară pe partea
- Daţi la rece cireşele la frigider timp de 1 oră.
- Încălziţi ciocolata din nou şi scoateţi cireşele din frigider.
- Înmuiaţi fiecare cireşă în sosul chocolate pentru a doua oară. Puneţi cireşele la frigider pentru a se răci timp de 1 oră înainte de a le servi.

38. Chirintele cu menta

Ingrediente:

- ½ cană de sirop ușor de porumb
- 2 lingurite de extract de menta
- ½ cană de unt moale
- 2 picături de colorant alimentar (opțional)
- 9 căni de zahăr pudră cernut (aproximativ 2 lire sterline)

Direcții:

a) Folosiți un bol de amestecare pentru a amesteca siropul de porumb, extractul de mentă și untul sau margarina copt ușor topit. Apoi adăugați zahărul, câte puțin, și încorporați-l în amestec. Adăugați cantitatea de colorant alimentar pentru a obține culoarea dorită și amestecați bine.

b) Rulați acest amestec în bile mici. Așezați-le la câțiva centimetri una de cealaltă pe o foaie de copt tapetată cu hârtie ceară. Folosiți o furculiță pentru a le face pe fiecare plată.

c) Lăsați chiftelele de mentă să se stabilească la frigider câteva ore. Scoateți chiftelele din frigider și lăsați-le să stea la temperatura camerei câteva zile pentru a se usuca.

d) După câteva zile, când chiftelele sunt uscate, transferați-le într-un recipient cu capac ermetic și păstrați-le la frigider.

39. Bilele de marshmallow de nucă

Ingrediente:

- 2 uncii de unt
- 2 linguri cacao
- 3 mese de lapte condensat
- 2 uncie de zahăr brun
- 1/8 uncie hash măcinat fin sau cannabis de înaltă calitate
- 6 uncii de nucă deshidratată
- 5 uncii marshmallow alb mic

Direcții:

a) După ce ați topit untul într-o tigaie, amestecați în cocoa, laptele, zahărul și hașul. Continuați să încălziți, amestecând occasion, până când contents se topesc împreună. Fii foarte atent să nu-l fierbi.

b) Scoateți de pe căldură și adăugați cea mai mare parte a nucilor, economisind doar suficient pentru o acoperire finală. Acum împărțiți amestecul în 15 bile de dimensiuni similare, apoi aplatizați-le doar cât să fie înfășurate în jurul unui marșon.

c) Odată ce ați îngrășat o marshmallow, învârtiți-le pe fiecare în nuca de cocos rămasă până când a fost aplicată o acoperire generoasă.

d) Vă recomandăm să mâncați doar 1-2 de persoană, în afara gusturilor lor.

40. Glutele cu unt de arahide

Randament: 15 Goo Balls

Ingrediente:

a) 250 g unt topit
b) 225 g oats
c) 250 g unt de arahide
d) 3 linguri miere
e) 2 linguri scorțișoară măcinată n
f) 2 linguri de pudră de cacao

Direcții:

a) Puneți toate ingredientele într-un bol mare și amestecați până când totul este amestecat.
b) Puneți amestecul în congelator și lăsați-l timp de 10-20 de minute.
c) Formează amestecul în bile individuale, la dimensiunea preferinței tale. După care, aruncați-l pe un dispozitiv de ceară pentru a se întări.
d) Unii preferă să adauge și alte ingrediente, cum ar fi nuci tăiate, stafide, Rice Krispies sau Corn Flakes, doar pentru a experimenta.
e) Se poate adăuga mai mult ovăz dacă ți se pare că rezultatul final este puțin prea lipicios și lipicios, sau adaugă mai multă miere sau unt de arahide dacă se dovedește a fi prea uscat. Totul este să fii creativ și să adaugi propria ta atingere la această deliciu.
f) Odată ce ați terminat, sunteți gata să serviți acest gust delicios, care poate fi mâncat la desert, o gustare sau în orice moment al zilei în care alegeți să mâncați.
g) Bucurați-vă!

41. Bulgări de zăpadă

Timp de preparare: 1 ½ h.
Timp de preparare: 20-25 minute
Porții: 12

Ingrediente:

8. 1 cană unt, înmuiat
9. 1/4 cană zahăr
10. 1 lingura extract pur de vanilie
11. 2 căni de făină universală
12. 2 linguri. amidon de porumb
13. 1 cana de migdale prajite nesarate, tocate marunt
14. 1/4 lingurita. sare
15. 1 cană de zahăr pudră pentru a acoperi

Direcții:

- Folosind un mixer cu stand sau un mixer manual, bateți untul cu 1/4 cană de zahăr până devine cremos. Adăugați extractul de vanilie. Se amestecă ușor făina, amidonul de porumb, migdalele prăjite și sarea până se combină bine. Înfășurați în folie de plastic și lăsați la frigider pentru o oră. Preîncălziți cuptorul la 325°. Scoateți aluatul răcit din frigider și luați aproximativ o lingură. de aluat apoi modelați-l într-o bilă de 1 inch.
- Aranjați bilele pe tava de copt la aproximativ 1 inch una de cealaltă. Coaceți fursecurile pe raftul din mijloc al cuptorului timp de 20 de minute sau până când devin aurii și se întăresc. Umpleți un castron puțin adânc cu 1 cană de zahăr pudră cernut. Se răcește aproximativ 5 minute, iar când se răcesc suficient pentru a atinge, rulează fursecurile în zahăr pudră și se lasă deoparte pe un grătar tapetat cu pergament să se răcească complet. Cand se raceste, se pudreaza din nou in zahar pudra si se pastreaza intr-un recipient ermetic.

DESERT BOMBE DE GRASĂ

- **Bombe grase napolitane**

INGREDIENTE
- 1/2 cană unt
- 1/2 cană ulei de cocos
- 1/2 cană smântână
- 1/2 cană cremă de brânză
- 2 linguri. Eritritol
- 25 de picături Stevia lichidă
- 2 linguri. Pudră de cacao
- 1 lingura Extract de vanilie
- 2 căpșuni medii

INSTRUCȚIUNI
- Într-un castron, combinați untul, uleiul de cocos, smântâna, cremă de brânză, eritritol și stevia lichidă.
- Folosind un blender de imersie, amestecați ingredientele într-un amestec omogen.
- Împărțiți amestecul în 3 boluri diferite. Adăugați pudră de cacao într-un castron, căpșunile într-un alt castron și vanilia în ultimul castron.
- Amestecă din nou toate ingredientele folosind un blender de imersie. Separați amestecul de ciocolată într-un recipient cu gura de scurgere.
- Se toarnă amestecul de ciocolată în matriță pentru bombe de grăsime. Pune la congelator timp de 30 de minute, apoi repetă cu amestecul de vanilie.
- Congelați amestecul de vanilie timp de 30 de minute, apoi repetați procesul cu amestecul de căpșuni. Congelați din nou timp de cel puțin 1 oră.
- Odată ce sunt complet înghețate, scoateți din formele pentru bombe de grăsime.

- **Pop-uri grase de arțar și bacon**

INGREDIENTE
1. 2 linguri de unt de cocos
2. Cake Pops cu bacon de arțar
3. 6 oz. Slănină de țară pentru afumătoarea Burgers
4. 5 ouă mari, separate
5. 1/4 cană sirop de artar
6. 1/2 linguriță. Extract de vanilie
7. 1/4 cană eritritol
8. 1/4 lingurita. Stevia lichidă
9. 1 cană de făină de migdale Honeyville
10. 2 linguri. Pulbere de coajă de psyllium
11. 1 lingura Praf de copt
12. 1/2 linguriță. Crema de tartru
13. Glazură de caramel sărat 5 linguri. Unt
14. 5 linguri. Crema grea
15. 2 1/2 linguri. Caramel sărat fără zahăr Torani

INSTRUCȚIUNI
1. Felie 6 oz. Burgers' Smokehouse Country Bacon în bucăți mici.
2. Fie congelarea baconului cu 30 de minute înainte, fie utilizarea foarfecelor ajută în mod normal la acest proces.
3. Încinge o tigaie la foc mediu-înalt și gătește baconul până devine crocant.
4. După ce este crocantă, scoateți slănina din tigaie și lăsați să se usuce pe prosoape de hârtie. Păstrați excesul de grăsime de slănină pentru a sota legumele sau alte cărni în ea.
5. Preîncălziți cuptorul la 325F. În 2 boluri separate, separați gălbenușurile de albușurile a 5 ouă mari.
6. În vasul cu gălbenușurile de ou, adăugați 1/4 cană sirop de arțar, 1/4 cană eritritol, 1/4 linguriță. stevia lichidă și 1/2 linguriță. extract de vanilie.

7. Folosind un mixer de mână, amestecați împreună timp de aproximativ 2 minute. Gălbenușurile de ou ar trebui să devină mai deschise la culoare.
8. Adăugați 1 cană de făină de migdale Honeyville, 2 linguri. Pulbere de coajă de psyllium, 2 linguri. unt de cocos și 1 linguriță. praf de copt.
9. Se amestecă din nou până se formează un aluat gros.
10. Spălați telurile mixerului manual din chiuvetă pentru a vă asigura că toate urmele de grăsimi sunt spălate de pe teluri.
11. Adăugați 1/2 linguriță. crema de tartru la albusuri.
12. Albusurile se bat spuma folosind un mixer de mana pana se formeaza varfuri solide.
13. Adăugați 2/3 de slănină crocantă în aluatul de prăjitură.
14. Adăugați aproximativ 1/3 din albușuri în aluat și amestecați agresiv.

a) Bombe de grăsime de portocale de nucă de cocos

INGREDIENTE

a) 1/2 cană ulei de cocos
b) 1/2 cană smântână pentru frişcă
c) 4 uncii. Cremă de brânză
d) 1 lingura Orange Vanilie Mio
e) picături Stevia lichidă

INSTRUCŢIUNI

1. Măsuraţi uleiul de cocos, smântâna groasă şi cremă de brânză.
2. Folosiţi un blender de imersie pentru a amesteca toate ingredientele. Dacă vă este greu să amestecaţi ingredientele, le puteţi pune la microunde timp de 30 de secunde până la 1 minut pentru a le înmoaie.
3. Adăugaţi Orange Vanilla Mio şi stevia lichidă în amestec şi amestecaţi împreună cu o lingură.
4. Răspândiţi amestecul într-o tavă de silicon (a mea este o tavă minunată pentru cuburi de gheaţă a lui Avenger) şi congelaţi timp de 2-3 ore.
5. Odată întărită, se scoate din tava de silicon şi se păstrează la congelator. Bucuraţi-vă!

a) Jalapeno bombe

INGREDIENTE
- 1 cană unt, înmuiat
- 3 oz. Cremă de brânză
- 3 felii Bacon
- 1 ardei Jalapeno mediu
- 1/2 linguriță. Pătrunjel uscat
- 1/4 lingurita. Pudră de ceapă
- 1/4 lingurita. Pudră de usturoi
- Sare si piper dupa gust
INSTRUCȚIUNI
- Prăjiți 3 felii de slănină într-o tigaie până devine crocantă.
- Scoateți slănina din tavă, dar păstrați grăsimea rămasă pentru o utilizare ulterioară.
- Așteptați până când baconul este răcit și crocant.
- Desă sămânțați un ardei jalapeno și apoi tăiați în bucăți mici.
- Combinați crema de brânză, untul, jalapeno și condimentele. Se condimenteaza cu sare si piper dupa gust.
- Adăugați grăsimea de bacon și amestecați până când se formează un amestec solid.
- Se sfărâmă baconul și se pune pe o farfurie. Rulați amestecul de brânză cremă în bile folosind mâna, apoi rulați mingea în slănină.

1. Pizza grăsime bombe

INGREDIENTE

- 4 uncii. Cremă de brânză
- Pepperoni felii
- măsline negre fără sâmburi
- 2 linguri. Pesto de roșii uscate la soare

INSTRUCȚIUNI

a) Tăiați ardeiul și măslinele în bucăți mici.
b) Se amestecă busuiocul, pesto de roșii și cremă de brânză.
c) Adaugati maslinele si pepperoni in crema de branza si amestecati din nou.
d) Se formează bile, apoi se ornează cu pepperoni, busuioc și măsline.

2. Bombe de grăsime cu unt de arahide

INGREDIENTE
- 1/2 CANA Ulei de cocos
- 1/4 cană pudră de cacao
- lingura. Pudră PB Fit
- lingura. Semințe de cânepă decojite
- 2 linguri. Crema grea
- 1 lingura Extract de vanilie
- 28 de picături Stevia lichidă
- 1/4 cană nucă de cocos mărunțită neîndulcit

INSTRUCȚIUNI
1. Se amestecă toate ingredientele uscate cu uleiul de cocos. Poate fi nevoie de puțină muncă, dar în cele din urmă se va transforma într-o pastă.
2. Adăugați smântână groasă, vanilie și stevia lichidă. Amestecă din nou până când totul este omogen și ușor cremos.
3. Măsurați nuca de cocos mărunțită neîndulcit pe o farfurie.

4. Întindeți bilele cu mâna și apoi rulați în nuca de cocos mărunțită neîndulcită. Așezați-l pe o tavă de copt acoperită cu hârtie de copt. Dam la congelator pentru aproximativ 20 de minute.

- **Batoane cu bombă grasă de arțar pecan**

INGREDIENTE

a) 2 cesti jumatati de nuci pecan
b) 1 cană făină de migdale
c) 1/2 cană făină de semințe de in auriu
d) 1/2 cană nucă de cocos măruntită neîndulcit
e) 1/2 cană ulei de cocos
f) 1/4 cană „Sirop de artar"
g) 1/4 lingurita. Stevia lichidă (~25 picături)

INSTRUCȚIUNI

1. Măsurați 2 căni de jumătăți de nuci pecan și coaceți timp de 6-8 minute la 350F în cuptor. Doar suficient până când încep să devină aromate.
2. Scoateți nucile pecan din cuptor, apoi adăugați-le într-o pungă de plastic. Folosește un sucitor pentru a le zdrobi în bucăți. Nu contează prea mult în ceea ce privește consistența,
3. Amestecați ingredientele uscate într-un castron: 1 cană de făină de migdale, 1/2 cană de făină de semințe de in Golden și 1/2 cană de nucă de cocos măruntită neîndulcită.
4. Adăugați nucile pecan zdrobite în bol și amestecați din nou.
5. În cele din urmă, adăugați 1/2 cană de ulei de cocos, 1/4 cană „Sirop de artar" (rețetă aici) și 1/4 linguriță. Stevia lichidă. Se amestecă bine până se formează un aluat sfărâmicios.
6. Presă aluatul într-o tavă de caserolă. Folosesc o tavă de copt 11×7 pentru asta.
7. Coaceți timp de 20-25 de minute la 350F sau până când marginile se rumenesc ușor.
8. Scoateți din cuptor; se lasă să se răcească parțial și la frigider pentru cel puțin 1 oră (pentru a tăia curat).
9. Tăiați în 12 felii și îndepărtați cu o spatulă.

- **Bombe de slănină cu brânză**

INGREDIENTE
- 3 oz. Brânză Mozzarella
- lingura. Făină de Migdale
- lingura. Unt, topit
- 3 linguri. Pulbere de coajă de psyllium
- 1 ou mare
- 1/4 lingurita. Sare
- 1/4 lingurita. Piper negru proaspăt măcinat
- 1/8 lingurita. Pudră de usturoi
- 1/8 linguriţă. Pudră de ceapă
- felii Bacon
- 1 cană ulei, untură sau seu (pentru prăjit)

INSTRUCȚIUNI
1. Adăugaţi 4 oz. (jumătate) brânză Mozzarella într-un castron.
2. Cuptor cu microunde 4 linguri. unt timp de 15-20 de secunde sau pana se topeste complet.
3. Brânza la microunde timp de 45-60 de secunde până se topeşte şi lipicieşte (ar trebui să fie un
4. Adăugaţi 1 ou şi unt în amestec şi amestecaţi bine.
5. Adăugaţi 4 linguri. făină de migdale, 3 linguri. Coaja de psyllium şi restul condimentelor tale la amestec (1/4 linguriţă sare, 1/4 linguriţă piper negru proaspăt măcinat, 1/8 linguriţă usturoi pudră şi 1/8 linguriţă ceapă pudră).
6. Se amestecă totul şi se aruncă pe un silpat. Întindeţi aluatul sau, folosind mâinile, formaţi aluatul într-un dreptunghi.
7. Întindeţi restul de brânză peste jumătate din aluat şi îndoiţi aluatul pe lungime.
8. Îndoiţi din nou aluatul pe verticală, astfel încât să formaţi o formă pătrată.

9. Ungeți marginile folosind degetele și presă aluatul împreună într-un dreptunghi. Vrei ca umplutura să fie strânsă în interior.
10. Cu ajutorul unui cuțit, tăiați aluatul în 20 de pătrate.
11. Tăiați fiecare felie de slănină în jumătate, apoi puneți pătratul la capătul unei bucăți de slănină.
12. Rulați strâns aluatul în slănină până când capetele se suprapun. Puteți „întinde" slănina dacă aveți nevoie înainte de a rula.
13. Folosiți o scobitoare pentru a fixa baconul după ce o rulați.
14. Faceți acest lucru pentru fiecare bucată de aluat pe care o aveți. La final vei avea 20 de bombe cu slănină cheesy.
15. Încălziți uleiul, untura sau seu la 350-375F și apoi prăjiți bombele de bacon cu brânză câte 3 sau 4 bucăți o dată.

- **Bacon caramel Fat Pop**

  INGREDIENTE
- Cake Pops cu bacon de arțar
- 6 oz. Slănină de țară pentru burgeri
- 5 ouă mari, separate 1/4 cană sirop de arțar (rețetă aici)
- 1/2 linguriță. Extract de vanilie 1/4 cană ACUM Eritritol 1/4 linguriță. Stevia lichidă
- 1 cană de făină de migdale Honeyville
- 2 linguri. Pulbere de coajă de psyllium
- 1 lingura Praf de copt
- 2 linguri. Unt
- 1/2 linguriță. Crema de tartru
- Glazură de caramel sărat 5 linguri. Unt
- 5 linguri. Crema grea
- 2 1/2 linguri. Caramel sărat fără zahăr Torani

  INSTRUCȚIUNI
a) Felie 6 oz. Burgers' Smokehouse Country Bacon în bucăți mici.
b) Fie congelarea baconului cu 30 de minute înainte, fie utilizarea foarfecelor ajută în mod normal la acest proces.
c) Încinge o tigaie la foc mediu-înalt și gătește baconul până devine crocant.
d) După ce este crocantă, scoateți slănina din tigaie și lăsați să se usuce pe prosoape de hârtie. Păstrați excesul de grăsime de slănină pentru a sota legumele sau alte cărni în ea.
e) Preîncălziți cuptorul la 325F. În 2 boluri separate, separați gălbenușurile de albușurile a 5 ouă mari.
f) În vasul cu gălbenușurile de ou, adăugați 1/4 cană sirop de arțar (rețetă aici), 1/4 cană eritritol, 1/4 linguriță. stevia lichidă și 1/2 linguriță. extract de vanilie.

g) Folosind un mixer de mână, amestecați împreună timp de aproximativ 2 minute. Gălbenușurile de ou ar trebui să devină mai deschise la culoare.

h) Adăugați 1 cană de făină de migdale Honeyville, 2 linguri. Pulbere de coajă de psyllium, 2 linguri. unt și 1 linguriță. praf de copt.

i) Se amestecă din nou până se formează un aluat gros.

j) Spălați telurile mixerului manual din chiuvetă pentru a vă asigura că toate urmele de grăsimi sunt spălate de pe teluri.

k) Adăugați 1/2 linguriță. crema de tartru la albusuri.

l) Albusurile se bat spuma folosind un mixer de mana pana se formeaza varfuri solide.

m) Adăugați 2/3 de slănină crocantă în aluatul de prăjitură.

n) Adăugați aproximativ 1/3 din albușuri în aluat și amestecați agresiv.

o)

3. Batoane de caju cu caramel sărat

Ingrediente:
- 2 căni de făină universală
- ½ linguriță. praf de copt
- ½ linguriță. sare
- 12 linguri. unt, la temperatura camerei
- 6 linguri. unt nesarat, taiat in bucatele
- 1 cană de zahăr brun deschis, bine ambalat
- 1 ou mare
- 3 lingurite extract de vanilie
- 1½ cană de zahăr granulat
- 1 cană smântână groasă
- 2 căni de caju sărate, prăjite

p) Încinge cuptorul la 340°F (171°C). Tapetați o tavă de copt de 9 × 13 inchi (23 × 33 cm) cu hârtie de copt și lăsați deoparte. Într-un castron mic, combinați făina universală, praful de copt și ¼ de linguriță de sare. Pune deoparte.

q) Într-un castron mediu, amestecați 6 linguri de unt, unt nesarat și zahăr brun deschis cu un mixer electric la viteză medie timp de 5 minute până devine ușor și pufos. Adăugați oul și 1 linguriță de extract de vanilie și bateți timp de 2 minute la viteză mică până se combină.

r) Adăugați amestecul de făină și bateți la viteză medie timp de 2 până la 3 minute. Presă amestecul de crustă în tava pregătită. Răciți timp de 30 de minute.

s) Într-o tigaie medie antiaderentă, la foc mediu, încălziți zahărul granulat. Când vedeți că zahărul începe să se coloreze, amestecați până devine maro deschis, aproximativ 5 până la 7 minute. Adăugați cu grijă smântână groasă și amestecați până se omogenizează.

t) Reduceți focul la mic și adăugați restul de 6 linguri de unt, restul de 2 lingurițe de extract de vanilie și ¼ de linguriță de sare rămasă. Se amestecă până când untul s-a topit și se ia de pe foc.

u) Se amestecă caju în amestecul de caramel. Turnați amestecul de caramel-caju în tigaie deasupra crustei răcite. Coaceți timp de 20 de minute până se fixează. Se lasa sa se raceasca bine inainte de a taia.

4. Carameluri cu fistic

Ingrediente:
- ½ cană de unt
- 2 căni de zahăr brun închis, bine ambalate
- ½ cană sirop de porumb închis
- 2 căni de smântână groasă
- ¼ linguriţă. sare
- 1 cana fistic tocat, prajit
- 2 lingurite extract de vanilie

Direcţii
h) Tapetaţi o tigaie pătrată de 8 inchi (20 cm) cu folie de aluminiu, stropiţi cu spray de gătit antiaderent şi lăsaţi deoparte.
i) Într-o cratiţă medie, la foc mic, topeşte untul. Adăugaţi zahăr brun închis, sirop de porumb închis, 1 cană de smântână groasă şi sare. Aduceţi la fierbere, amestecând ocazional, timp de 12 până la 15 minute sau până când amestecul atinge 225 ° F (110 ° C) pe un termometru pentru bomboane.
j) Adăugaţi încet 1 cană de smântână groasă rămasă. Aduceţi amestecul la fiert şi gătiţi încă 15 minute sau până când ajunge la 250 ° F (120 ° C). Se ia de pe foc si se adauga fisticul si extractul de vanilie. Se toarnă în tava pregătită.
k) Se raceste cel putin 3 ore inainte de a se scoate din folie si taie in 48 de bucati.
l) Tăiaţi hârtie ceară în pătrate de 48 de 3 inchi (7,5 cm). Puneţi fiecare caramel în centrul unui pătrat de hârtie ceară, rulaţi hârtia în jurul caramelului şi răsuciţi capetele hârtiei.

5. Patratele de tei cheie

Ingrediente:
- 4 linguri. unt nesarat, la temperatura camerei
- 4 linguri. unt, la temperatura camerei
- ½ cană de zahăr de cofetă
- 2 cesti plus 5 linguri. făină universală
- 1 lingura extract de vanilie
- Ciupiți de sare
- 4 oua mari, batute usor
- 1¾ cană de zahăr granulat
- ¼ cană suc de lamaie
- 1 lingura. coaja de lime rasă

Direcții
15. Încinge cuptorul la 340°F (171°C). Ungeți ușor o tavă de copt de 9×13 inchi (23×33 cm) cu spray de gătit antiaderent și lăsați deoparte.
16. Într-un castron mare, bate untul nesărat, untul și zahărul de cofetă cu un mixer electric la viteză medie timp de 3 până la 4 minute sau până când devine ușor și pufos.
17. Adăugați făină universală, extract de vanilie și sare și amestecați încă 2 până la 3 minute sau până se combină bine.
18. Presă aluatul în fundul tavii pregătite. Coaceți timp de 20 până la 23 de minute, până când devine maro deschis. Lăsați crusta să se răcească timp de 10 minute.
19. Într-un castron mare, amestecați ouăle și zahărul granulat. Adăugați sucul de lime și coaja de lămâie și amestecați bine.
20. Turnați amestecul peste crusta răcită și coaceți timp de 23 până la 25 de minute sau până când se fixează. Se răcește complet înainte de a le tăia în 12 pătrate.
21. Depozitare: A se păstra bine învelit în folie de plastic la frigider până la 5 zile.

6. Mușcături de granola de ciocolată albă

Ingrediente:
- 1½ cani de granola
- 3 linguri. unt, topit
- 2 cesti de ciocolata alba se topeste

Direcții
6. Încinge cuptorul la 250°F (120°C). Pe o tavă de copt cu ramă, amestecați granola și 2 linguri de unt. Pune foaia de copt la cuptor pentru 5 minute.
7. Scoateți foaia de copt și amestecați până când granola este complet amestecată cu untul. Pune foaia de copt la cuptor pentru 15 minute, amestecând la fiecare 5 minute. Scoateți din cuptor și lăsați granola să se răcească complet.
8. Într-un boiler la foc mediu, combinați ciocolata albă topită și 1 lingură de unt rămasă. Se amestecă timp de 5 până la 7 minute sau până când ciocolata albă este complet topită și bine combinată cu untul. Se ia de pe foc.
9. Se amestecă granola răcită în amestecul de ciocolată albă. Puneți lingurile în grămadă pe hârtie de copt și lăsați să se răcească complet înainte de servire.
10. Depozitare: A se păstra într-un recipient ermetic la temperatura camerei timp de până la 1 săptămână.

7. Patratele de caramel cu bacon confiate

Ingrediente:
- 8 felii de bacon
- ¼ cană zahăr brun deschis, bine ambalat
- 8 linguri. unt, înmuiat
- 2 linguri. unt nesarat, inmuiat
- ⅓ cană de zahăr brun închis, bine ambalat
- ⅓ cană de zahăr de cofetarie
- 1½ cani de faina universala
- ½ linguriță. sare
- ½ cană de biți de caramel
- 1 cană chipsuri de ciocolată neagră
- ⅓ ceasca de migdale tocate

Direcții
6. Încinge cuptorul la 350°F (180°C). Într-un castron mediu, aruncați baconul și zahărul brun deschis și aranjați într-un singur strat pe o foaie de copt.
7. Coaceți timp de 20 până la 25 de minute sau până când baconul este auriu și crocant. Scoateți din cuptor și lăsați să se răcească timp de 15 până la 20 de minute. Tăiați în bucăți mici.
8. Reduceți temperatura cuptorului la 340°F (171°C). Tapetați o tavă de copt de 9 × 13 inchi (23 × 33 cm) cu folie de aluminiu, pulverizați cu spray de gătit antiaderent și lăsați deoparte.
9. Într-un castron mare, amestecați untul, untul nesarat, zahărul brun închis și zahărul de cofetă cu un mixer electric la viteză medie, până devine ușor și pufos. Adăugați treptat făina universală și sare, amestecând până se omogenizează. Se amestecă ¼ de cană de bucăți de caramel până când sunt distribuite uniform.
10. Presați aluatul în tava pregătită și coaceți timp de 25 de minute sau până când devine auriu. Scoateți din cuptor, stropiți cu chipsuri de ciocolată neagră și lăsați timp de 3 minute sau până când chipsurile se înmoaie.
11. Întindeți uniform ciocolata înmuiată deasupra și presărați cu migdale, slănină confiată și ¼ de cană de bucăți de caramel

rămase. Se lasă să se răcească 2 ore sau până când ciocolata se întărește. Tăiați în 16 pătrate de 2 inchi (5 cm).

12. Depozitare: A se păstra într-un recipient ermetic la frigider până la 1 săptămână.

8. Batoane de vis cu nuci caramelizate

Ingrediente:
- 1 cutie amestec galben de tort
- 3 linguri de unt inmuiat
- 1 ou
- 14 uncii lapte condensat îndulcit
- 1 ou
- 1 lingurita extract pur de vanilie
- 1/2 cană nuci măcinate fin
- 1/2 cană biți de caramel măcinat fin

Direcții:
h) Preîncălziți cuptorul la 350. Pregătiți tava dreptunghiulară pentru tort cu spray de gătit apoi lăsați deoparte.
i) Combinați amestecul de tort, untul și un ou într-un castron, apoi amestecați până se sfărâmiciază. Apăsați amestecul pe fundul tăvii pregătite, apoi puneți deoparte.
j) Într-un alt bol de amestecare, combinați laptele, oul rămas, extractul, nucile și bucățile de caramel.
k) Se amesteca bine si se toarna peste baza in tava. Coaceți timp de 35 de minute.

9. Batoane pecan cronice

INGREDIENTE
- 2 cesti jumatati de nuci pecan
- 1 cană făină de manioc
- 1/2 cană făină de seminţe de in auriu
- 1/2 cană nucă de cocos mărunţită neîndulcit
- 1/2 cană ulei de nucă de cocos Cana
- 1/4 cană Miere
- 1/4 lingurita. Stevia lichidă

INSTRUCŢIUNI
16. Măsuraţi 2 căni de jumătăţi de nuci pecan şi coaceţi timp de 6-8 minute la 350F în cuptor. Doar suficient până când încep să devină aromate.
17. Scoateţi nucile pecan din cuptor şi apoi adăugaţi-le într-o pungă de plastic. Foloseşte un sucitor pentru a le zdrobi în bucăţi. Nu contează prea mult în ceea ce priveşte consistenţa,
18. Amestecaţi ingredientele uscate într-un castron: 1 cană de făină de manioc, 1/2 cană de făină de seminţe de in Golden şi 1/2 cană de nucă de cocos mărunţită neîndulcită.
19. Adăugaţi nucile pecan zdrobite în bol şi amestecaţi din nou.
20. La final, adăugaţi 1/2 cană de ulei de nucă de cocos Cana, 1/4 cană miere şi 1/4 linguriţă. Stevia lichidă. Se amestecă bine până se formează un aluat sfărâmicios.
21. Presă aluatul într-o tavă de caserolă.
22. Coaceţi timp de 20-25 de minute la 350F sau până când marginile se rumenesc uşor.
23. Scoateţi din cuptor; lăsaţi să se răcească parţial şi să se răcească timp de cel puţin 1 oră.
24. Tăiaţi în 12 felii şi îndepărtaţi cu o spatulă.

16. Patrate de chia cu unt de migdale

INGREDIENTE
- 1/2 cană migdale crude
- 1 lingura. + 1 linguriță. Ulei de cocos
- lingura. ACUM Eritritol
- 2 linguri. Unt
- 1/4 cană smântână grea
- 1/4 lingurita. Stevia lichidă
- 1 1/2 linguriță. Extract de vanilie

INSTRUCȚIUNI

4 Adăugați 1/2 cană de migdale crude într-o tigaie și prăjiți timp de aproximativ 7 minute la foc mediu-mic. Doar cât să începi să simți mirosul de nuci care iese.

5 Adăugați nucile în robotul de bucătărie și măcinați-le.

6 După ce ating o consistență făinoasă, adăugați 2 linguri. ACUM Eritritol și 1 linguriță. Ulei de cocos.

7 Continuați să măcinați migdalele până când se formează untul de migdale untul este rumenit.

8 Odată ce untul este rumenit, adăugați 1/4 cană de smântână grea, 2 linguri. ACUM Eritritol, 1/4 linguriță. Stevia lichidă și 1 1/2 linguriță. Extract de vanilie la unt. Dati focul la mic si amestecati bine cu bulele de crema.

9 Măcinați 1/4 cană de semințe de chia într-o râșniță de condimente până se formează o pulbere.

10 Începeți să prăjiți semințele de chia și 1/2 cană de fulgi de nucă de cocos mărunțiți neîndulciți într-o tigaie la foc mediu scăzut. Vrei ca nuca de cocos să se rumenească ușor.

11 Adăugați unt de migdale în amestecul de unt și smântână groasă și amestecați-l bine. Lasă-l să se gătească într-o pastă.

12 Într-un vas de copt pătrat (sau de ce dimensiune doriți), adăugați amestecul de unt de migdale, amestecul de chia prăjită și nucă de cocos și 1/2 cană de cremă de cocos. Puteti adauga crema de cocos intr-o tigaie pentru a o topi usor inainte de a o adauga.

13 Adăugați 1 lingură. Ulei de cocos și 2 linguri. Făina de cocos și amestecați totul bine.

14 Cu ajutorul degetelor, împachetați bine amestecul în tava de copt.

15 Dați amestecul la frigider pentru cel puțin o oră și apoi scoateți-l din vasul de copt. Ar trebui să păstreze forma acum.

16 Tăiați amestecul în pătrate sau în orice formă doriți și puneți din nou la frigider pentru cel puțin încă câteva ore. Puteți folosi excesul de amestec pentru a forma mai multe pătrate, dar eu l-am mâncat în schimb.

17 Luați și gustați după cum doriți!

16. **Nuggets cu semințe de chia**

INGREDIENTE
- 2 linguri ulei de cocos
- 1/2 cană semințe de chia, măcinate
- 3 oz. Brânză Cheddar mărunțită
- 1 1/4 cană de apă cu gheață
- 2 linguri. Pulbere de coajă de psyllium
- 1/4 lingurita. Gumă Xanthan
- 1/4 lingurita. Pudră de usturoi
- 1/4 lingurita. Pudră de ceapă
- 1/4 lingurita. Oregano
- 1/4 lingurita. Paprika
- 1/4 lingurita. Sare
- 1/4 lingurita. Piper

INSTRUCȚIUNI

5. Preîncălziți cuptorul la 375F. Măcinați 1/2 cană de semințe de chia într-o râșniță de condimente. Vrei o textură ca o masă.

6. Adăugați semințe de chia măcinate, 2 linguri. Pulbere de coajă de psyllium, 1/4 linguriță. Gumă Xanthan, 1/4 linguriță. Pudră de usturoi, 1/4 linguriță. Pudră de ceapă, 1/4 linguriță. Oregano, 1/4 linguriță. Boia de ardei, 1/4 linguriță. Sare și 1/4 linguriță. Piper într-un castron. Se amestecă bine.

7. Adăugați 2 linguri. Ulei de cocos la ingredientele uscate și amestecați-l împreună. Ar trebui să se transforme în consistența nisipului umed.

8. Adăugați 1 1/4 cană de apă rece cu gheață în bol. Se amestecă foarte bine. Este posibil să fie nevoie să petreceți mai mult timp amestecând-o, deoarece semințele de chia și Psyllium au nevoie de puțin timp pentru a absorbi apa. Continuați să amestecați până când se formează un aluat solid.

9. Razati 3 oz. Brânză Cheddar și adăugați-o în bol.

10. Folosind mâinile, frământați aluatul împreună. Vrei să fie relativ uscat și să nu fie lipicios până când termini.
11. Pune aluatul pe un silpat si lasa-l sa stea cateva minute.
12. Întindeți sau întindeți aluatul subțire, astfel încât să acopere întregul silpat. Dacă o puteți subțire, continuați să rulați și păstrați excesul pentru a doua gătire.
13. Coaceți 30-35 de minute la cuptor până când sunt fierte.
14. Scoateți-le din cuptor și, cât sunt fierbinți, tăiați-le în biscuiți individuali.
15. Puteți folosi fie marginea tocită a unui cuțit (nu tăiați siliconul), fie o spatulă mare.
16. Puneți biscuiții înapoi la cuptor pentru 5-7 minute la grătar sau până când blaturile sunt rumenite și bine crocante. Scoatem din cuptor si punem pe un gratar sa se raceasca. Pe măsură ce se răcesc, devin mai crocante.
17. Servește cu sosurile tale preferate. Eu folosesc aioli meu cu usturoi prăjit.

18. Batoane proteice cu nuci de ciocolata

Porții: 12 batoane Timp de preparare: 1 oră
Ingrediente:
- 100% unt de nuci pur, 250 g
- Seminte de vaci prajite, 1 ½ lingurita
- Iaurt simplu fără grăsimi, 110 g
- 100% proteină din zer pudră, 100 g
- Scorțișoară, 1 ½ linguriță
- Bucuri de cacao crude, 4 lingurițe
- 85% ciocolată neagră, 100 g
- Extract pur de vanilie, 1 lingura
- 100% pudră proteică de mazăre, 30 g

Metodă:
e) Adăugați toate ingredientele, cu excepția ciocolatei, în robotul de bucătărie și amestecați până la omogenizare.
f) Faceți 12 batoane din amestec și dați-le la frigider timp de 30 de minute.
g) Când batoanele sunt ferme, topește ciocolata în cuptorul cu microunde și înmuiează fiecare baton în ea și învelиește bine.
h) Aranjați batoanele acoperite pe o foaie căptușită și dați din nou la frigider pentru 30 de minute sau până când ciocolata este fermă.
i) Bucurați-vă.

19. Batoane proteice din ciocolată germană

Porții: 12 batoane
Timp de preparare: 2 ore 20 minute

Ingrediente:

- Ovăz, 1 cană
- Nucă de cocos mărunțită, ½ cană + ¼ cană, împărțită
- Pudră de proteine din soia, ½ cană
- Nuci pecan, ½ cana + ¼ cana, tocate, impartite
- Apă, până la ¼ cană
- Pudră de cacao, ¼ cană
- Extract de vanilie, 1 lingurita
- Bucuri de cacao, 2 linguri
- Sare, ¼ lingurita
- Curmale Medjool, 1 cană, fără sâmburi și înmuiate timp de 30 de minute

Metodă:

i) Procesați ovazul până la făină fină apoi adăugați pudră de cacao și pudră de proteine, procesați din nou.

j) Între timp scurgeți curmalele și adăugați-le în robotul de bucătărie. Pulsați timp de 30 de secunde, apoi adăugați ½ cană de nucă de cocos mărunțită și ½ cană de nuci pecan, urmate de sare și vanilie.

k) Procesați din nou și adăugați apă puțin câte puțin și formați aluat.

l) Puneți aluatul într-un castron mare și adăugați nucile pecan și nuca de cocos rămase, urmate de niburi de cacao.

m) Asezam aluatul pe hartie de copt si il acoperim cu un alt pergament si formam un patrat gros.

n) Se da la frigider pentru 2 ore, apoi se scoate hartia de pergament si se taie in 12 batoane de lungimea dorita.

20. Batoane proteice Blueberry Bliss

Ingrediente:

- Ovăz rulat 100% pur necontaminat, 1 + ½ cană
- Pepitas, 1/3 cană
- Migdale întregi, ¾ cană
- Sos de mere neindulcit ¼ cană
- Afine uscate, ½ cană plină
- Semințe de floarea soarelui, ¼ cană
- Unt de migdale, 1 cană
- Sirop de arțar, 1/3 cană
- Nuci, 1/3 cană
- Fistic, ½ cană
- Seminte de in macinate, 1/3 cana

Metodă:

p) Tapetați o tavă de copt cu hârtie de ceară și țineți deoparte.
q) Într-un castron mare combinați ovăzul, migdalele, semințele de floarea soarelui, fructele de pădure uscate, nucile, fisticul, semințele de in și pepita.
r) Stropiți deasupra sos de mere și sirop de arțar și amestecați bine.
s) Acum adăugați untul și amestecați bine.
t) Transferați aluatul în tigaie și uniformizați-l de sus.
u) Congelați timp de o oră. Când amestecul este complet fixat, răsturnați-l pe blat.
v) Tăiați îngroșarea și lungimea dorite în 16 batoane.

21. Batoane proteice cu unt de arahide și ciocolată

Ingrediente:
- Făină de cocos, ¼ cană
- Cremă de vanilie stevia, 1 linguriță
- Făină de arahide, 6 linguri
- Extract de vanilie, 1 lingurita
- Sare, ¼ lingurita
- Chipsuri de ciocolată în miniatură, 1 lingură
- Ulei de cocos, 1 lingurita, topit si racit usor
- Izolat de proteine din soia, 6 linguri
- Lapte de caju neîndulcit, ½ cană + 2 linguri

Metodă:
h) Tapetați o tavă cu hârtie de ceară. Ține deoparte.
i) Combinați ambele făinuri cu proteine de soia și sare.
j) Într-un alt bol amestecați laptele de cocos cu stevia, laptele de caju și vanilia. Turnați acest amestec treptat în amestecul de făină și amestecați bine pentru a se combina.
k) Acum adăugați ½ fulgi de ciocolată și amestecați-le ușor în amestec.
l) Transferați amestecul în tava pregătită și întindeți uniform folosind o spatulă.
m) Acoperiți cu chipsurile de ciocolată rămase și lăsați la congelator timp de 3 ore.
n) Tăiați în grosimea și lungimea dorite.

22. Batoane cu proteine din seminţe de cânepă crudă de dovleac

Ingrediente:
- Curmale Medjool, ½ cană, fără sâmburi
- Extract de vanilie, ½ linguriţă
- Seminţe de dovleac, ¼ cană
- Sare, ¼ lingurita
- Scorţişoară, ½ linguriţă
- Unt din seminţe de cânepă, ½ cană
- Nucşoară, ¼ de linguriţă
- Apă, ¼ cană
- Ovăz crud, 2 căni
- Seminte de chia, 2 linguri

Metodă:
g) Tapetaţi o tavă cu hârtie de copt şi lăsaţi deoparte, înmuiaţi curmalele timp de 30 de minute, apoi amestecaţi până se omogenizează.
h) Transferaţi amestecul într-un bol şi adăugaţi untul de cânepă şi amestecaţi bine.
i) Acum adăugaţi ingredientele rămase şi amestecaţi uşor pentru a se încorpora bine.
j) Transferaţi în tigaie şi uniformizaţi cu o spatulă.
k) Se da la frigider pentru 2 ore apoi se taie in 16 batoane.

23. CrunchBars cu proteine de ghimbir, vanilie

Ingrediente:
- Unt, 2 linguri
- Ovăz, 1 cană
- Migdale crude, ½ cană, tocate
- Lapte de cocos, ¼ cană
- Nucă de cocos mărunțită, ¼ cană
- Pudră proteică (vanilie), 2 lingurițe
- Sirop de arțar, ¼ cană
- Ghimbir cristalizat, ½ cană, tocat
- Fulgi de porumb, 1 cană, mărunțiți până la firimituri voluminoase Semințe de floarea soarelui, ¼ de cană

Metodă:
b) Topiți untul într-o tigaie şi adăugați siropul de arțar. Se amestecă bine.
c) Adăugați laptele, urmat de pudră de proteine şi amestecați bine pentru a se combina. Când amestecul capătă o consistență netedă, stingeți focul.
d) Intr-un castron mare adauga seminte de floarea soarelui, migdale, ovaz, fulgi de porumb si ¾ bucati de ghimbir.
e) Turnați amestecul pe ingredientele uscate şi amestecați bine.
f) Transferați într-o tavă de pâine pregătită cu hârtie ceară şi întindeți într-un strat uniform.
g) Acoperiți cu ghimbir şi nucă de cocos rămase. Coaceți timp de 20 de minute la 325 F. Lăsați-l să se răcească înainte de a tăia felii.

24. Batoane de covrigi cu unt de arahide

Ingrediente:
- Chips de soia, 5 căni
- Apă, ½ cană
- Mini covrigei răsucite, 6, tocate grosier
- Unt de arahide pudra, 6 linguri
- Arahide, 2 linguri, tocate grosier
- Pudră de proteine din soia, 6 linguri
- Chipsuri de unt de arahide, 2 linguri, tăiate în jumătate Agave, 6 linguri

Metodă:
g) Pulverizați o tavă cu spray de gătit și păstrați deoparte.
h) Procesați chipsurile de soia în robotul de bucătărie și adăugați-le într-un castron.
i) Adăugați pudră de proteine și amestecați.
j) Încinge o cratiță și adaugă apă, agave și unt pudră. Amestecați în timp ce gătiți la foc mediu timp de 5 minute. Lasam amestecul sa fiarba cateva secunde apoi amestecul de soia amestecand continuu.
k) Transferați amestecul în tava pregătită și acoperiți cu covrigei, arahide și chipsuri de unt de arahide.
l) Se da la rece până se întărește. Tăiați în batoane și bucurați-vă.

25. Batoane proteice de migdale cu afine

. Ingrediente:

- Migdale prajite cu sare de mare, 2 cani
- Fulgi de nucă de cocos neîndulciți, ½ cană
- Cereale de orez umflat, 2/3 cani
- Extract de vanilie, 1 lingurita
- Merișoare uscate, 2/3 căni
- Semințe de cânepă, 1 lingură grămadă
- Sirop de orez brun, 1/3 cană Miere, 2 linguri

Metodă:

b) Combină migdalele cu merișoare, semințe de cânepă, cereale de orez și nucă de cocos. Ține deoparte.

c) Intr-o cratita adauga miere urmata de vanilie si sirop de orez. Se amestecă și se fierbe timp de 5 minute.

d) Se toarnă sosul peste ingredientele uscate și se amestecă rapid pentru a se combina.

e) Transferați amestecul într-o tavă de copt pregătită și întindeți-o într-un strat uniform.

f) Se da la frigider pentru 30 de minute.

g) Când sunt setate, tăiați-le în batoane de dimensiunea dorită și bucurați-vă.

26. Batoane cu proteine triple de ciocolată

Ingrediente:

- Făină de ovăz, 1 cană
- Bicarbonat de sodiu, ½ linguriță
- lapte de migdale, ¼ cană
- Pudră de proteine din zer de ciocolată, 1 lingură
- Amestecul de copt Stevia, ¼ cană
- Făină de migdale, ¼ cană
- Chips de ciocolată neagră, 3 linguri
- Sare, ¼ lingurita
- Nuci, 3 linguri, tocate
- Pudră de cacao închisă neîndulcită, 3 linguri
- Sos de mere neindulcit, 1/3 cană
- Ou, 1
- Iaurt grecesc simplu, ¼ cană
- Albușuri lichide, 2 linguri
- Pudră de proteine din zer de vanilie, 1 lingură

Metodă:

f) Preîncălziți cuptorul la 350 F.

g) Ungeți o tavă de copt cu spray de gătit și lăsați deoparte.

h) Într-un castron mare combinați ambele făinuri cu sare, bicarbonat de sodiu, ambele pudre proteice și pudră de cacao închisă. Ține deoparte.

i) Intr-un alt castron batem ouale cu stevia si batem pana se omogenizeaza bine apoi adaugam ingredientele umede ramase si batem din nou.

j) Amestecați treptat amestecul umed în amestecul uscat și amestecați bine pentru a se combina.

k) Adăugați nuci și fulgi de ciocolată, pliați-le ușor.

l) Transferați amestecul în tava pregătită și coaceți timp de 25 de minute.

m) Se lasa sa se raceasca inainte de a se scoate din tava si taia felii

27. Batoane de Zmeura-Ciocolata

Ingrediente:

- Unt de arahide sau migdale, ½ cană
- Seminte de in, ¼ cana
- Agave albastru, 1/3 cană
- Pudră proteică de ciocolată, ¼ cană
- Zmeură, ½ cană
- Ovăz rulat instantaneu, 1 cană

Metodă:

d) Combinați untul de arahide cu agave și gătiți la foc mic, amestecând constant.

e) Când amestecul formează o textură netedă, adăugați-l la ovăz, semințe de in și proteine. Se amestecă bine.

f) Adăugați zmeura și împăturiți-o ușor.

g) Transferați aluatul în tava pregătită și congelați timp de o oră.

h) Tăiați în 8 batoane când este ferm și savurați.

28. Batoane de aluat pentru prăjituri cu unt de arahide

Ingrediente:

- Ovăz rulat, ¼ cană
- Unt de arahide, 3 linguri
- Pudră de proteine, ½ cană
- Sare, un praf
- Curmale Medjool mari, 10
- Caju crude, 1 cană
- Sirop de arțar, 2 linguri Arahide întregi, pentru ornat

Metodă:

u) Pulsați ovăzul în robotul de bucătărie în făină fină.
v) Acum adăugați toate ingredientele, cu excepția alunelor întregi și procesați până la omogenizare.
w) Gustați și faceți orice ajustări dacă doriți.
x) Transferați amestecul într-o tavă și acoperiți cu alune întregi.
y) Se da la frigider pentru 3 ore. Când amestecul este ferm, puneți-l pe blatul de bucătărie și tăiați-l în 8 batoane de lungimea dorită.

29. Batoane proteice de muesli

Ingrediente:

- Lapte de migdale neindulcit, ½ cană
- Miere, 3 linguri
- Quinoa, ¼ cană, fiartă
- Seminte de chia, 1 lingurita
- Făină, 1 lingură
- Pudră proteică de ciocolată, 2 lingurițe
- Chips de ciocolată, ¼ cană
- Scorțișoară, ½ linguriță
- Banană coaptă, ½, piure
- Migdale, ¼ cană, feliate
- Muesli, 1 ½ cană, din marca ta preferată

Metodă:

j) Preîncălziți cuptorul la 350 F.

k) Amestecați laptele de migdale cu piure de banane, semințe de chia și miere într-un castron mediu și țineți deoparte.

l) Într-un alt castron, combinați ingredientele rămase și amestecați bine.

m) Acum turnați amestecul de lapte de migdale peste ingredientele uscate și pliați totul bine.

n) Transferați aluatul într-o tavă și coaceți timp de 20-25 de minute.

o) Lăsați să se răcească înainte de a scoate din tavă și de a feli.

30. Batoane proteice pentru tort de morcovi

Ingrediente:
Pentru baruri:
- Făină de ovăz, 2 căni
- Lapte fără lactate, 1 lingură
- Mix de condimente, 1 lingurita
- Pudră de proteine de vanilie, ½ cană
- Morcovi, ½ cană, piure
- Scorțișoară, 1 lingură
- Făină de cocos, ½ cană, cernută
- Sirop de orez brun, ½ cană
- Indulcitor granulat la alegere, 2 linguri
- Unt de migdale, ¼ cană
  Pentru glazură:
- Pudră proteică de vanilie, 1 lingură
- Lapte de cocos, 2-3 linguri
- Cremă de brânză, ¼ cană

Metodă:
f) Pentru a prepara batoanele proteice, combinați făina cu un amestec de condimente, pudră de proteine, scorțișoară și îndulcitor.
g) În alta dar amestecați untul cu îndulcitor lichid și puneți la microunde câteva secunde până se topește.
h) Transferați acest amestec în vasul cu făină și amestecați bine.
i) Acum adăugați morcovi și pliați ușor.
j) Acum adăugați treptat laptele, amestecând constant până când obțineți consistența dorită.
k) Transferați într-o tavă pregătită și lăsați la frigider pentru 30 de minute.
l) Intre timp pregatiti glazura si combinati pudra proteica cu crema de branza.

m) Adăugați treptat laptele și amestecați bine pentru a obține textura dorită.

n) Când amestecul este întărit, tăiați în batoane de lungimea dorită și spumați glazura peste fiecare baton.

31. Batoane cu portocale și Goji Berry

Ingrediente:

- Pudră de proteine din zer de vanilie, ½ cană
- Coaja de portocala, 1 lingura, rasa
- Migdale măcinate, ¾ cană
- 85% ciocolată neagră, 40 g, topită
- Lapte de cocos, ¼ cană
- Făină de cocos, ¼ cană
- Pudră de chili, 1 linguriță
- Esență de vanilie, 1 lingură
- boabe de Goji, ¾ cană

Metodă:

g) Combinați pudra proteică cu făina de cocos într-un castron.
h) Adăugați ingredientele rămase la amestecul de făină.
i) Amestecați laptele și amestecați bine.
j) Formați forme de bar din aluat și aranjați-le pe o foaie.
k) Topiți ciocolata și răciți-o câteva minute apoi înmuiați fiecare baton în ciocolată topită și aranjați-o pe tava de copt.
l) Dă la frigider până când ciocolata este complet fermă.
m) Bucurați-vă.

32. Baton proteic de căpșuni coapte

Ingrediente:
- Căpșuni liofilizate, 60 g
- Vanilie, ½ linguriță
- Nucă de cocos mărunțită neîndulcită, 60 g
- Lapte de migdale neindulcit, 60 ml
- Pudră de proteine din zer fără arome, 60 g ciocolată neagră, 80 g

Metodă:
j) Procesați căpșunile uscate până când sunt măcinate, apoi adăugați zer, vanilie și nucă de cocos. Procesați din nou până când se formează un amestec fin măcinat.

k) Se amestecă laptele în amestec și se procesează până când totul este bine încorporat.

l) Tapetați o tavă cu hârtie de ceară și transferați amestecul în ea.

m) Folosiți o spatulă pentru a întinde uniform amestecul.

n) Dă la frigider până când amestecul se stabilește.

o) Puneți ciocolata neagră la microunde timp de 30 de secunde. Se amestecă bine până devine omogen și complet topit.

p) Lăsați ciocolata să se răcească puțin și, între timp, feliați amestecul de căpșuni în opt batoane de grosimea dorită.

q) Acum scufundați pe rând fiecare baton în ciocolată și acoperiți bine.

r) Aranjați batoanele acoperite pe o foaie de copt. Odată ce toate batoanele sunt acoperite, dați-le la frigider până când ciocolata este întărită și fermă.

33. Batoane proteice Mocha

Ingrediente:

- făină de migdale, 30 g
- Făină de cocos, 30 g
- Espresso, 60 g, proaspăt preparat şi răcit
- Izolat de proteine din zer fără arome, 60 g
- zahăr de cocos, 20 g
- Pudră de cacao neîndulcită, 14 g
- Ciocolata neagra cu 70%-85% cacao, 48 g

Metodă:

d) Combinați toate ingredientele uscate împreună.
e) Se amestecă expreso şi se bate bine pentru a se combina fără a lăsa cocoloaşe.
f) Amestecul se va transforma într-o bilă netedă în acest moment.
g) Împărțiți-l în şase bucăți de dimensiuni egale şi formați fiecare bucată în bară. Aranjați batoanele pe o foaie şi acoperiți-o cu plastic. Dați la frigider pentru o oră.
h) Odată ce batoanele sunt întărite, puneți la microunde ciocolata neagră şi amestecați până se topeşte.
i) Ungeți fiecare baton în ciocolată topită şi aranjați-l pe o foaie de copt căptuşită cu ceară.
j) Stropiți ciocolata rămasă deasupra într-un model învolburat şi dați din nou la frigider până când ciocolata devine fermă.

34. Batoane proteice de ciocolată cu banane

Ingrediente:
- Banane liofilizate, 40 g
- Lapte de migdale, 30 ml
- Izolat de pudră proteică cu aromă de banane, 70 g
- 100% unt de arahide, 25 g
- Ovăz rulat fără gluten, 30 g
- 100% ciocolată, 40 g
- Îndulcitor, după gust

Metodă:

f) Banana macinata in robotul de bucatarie. Acum adăugați pudră de proteine și ovăz, procesați din nou până se macina fin.

g) Amestecați ingredientele rămase, cu excepția ciocolatei și procesați din nou până la omogenizare.

h) Transferați amestecul într-o tavă tapetată și acoperiți cu plastic. Se da la rece până se întărește.

i) Când barele sunt setate, tăiați în patru bare.

j) Acum topiți ciocolata în cuptorul cu microunde și lăsați-o să se răcească ușor înainte de a scufunda fiecare baton de banane în ea. Acoperiți bine și dați din nou batoanele la frigider până când ciocolata este fermă.

35. Batoane Heavenly Raw

Ingrediente:

- Lapte de cocos, 2 linguri
- Pudră de cacao neîndulcită, după caz
- Pudră de proteine, 1 ½ linguriță
- Făină din semințe de in, 1 lingură

Metodă:

a) Combinați toate ingredientele împreună.
b) Ungeți o tavă de copt cu spray de gătit și transferați aluatul în ea.
c) Lăsați amestecul să stea la temperatura camerei până devine ferm.

36. Monster Bars

- 1/2 c. unt, înmuiat
- 1 c. zahăr brun, ambalat
- 1 c. zahăr
- 1-1/2 c. unt de arahide cremos
- 3 oua, batute
- 2 t. extract de vanilie
- 2 t. bicarbonat de sodiu
- 4-1/2 c. ovăz de gătit rapid, nefiert
- 1 c. chipsuri de ciocolată semidulce
- 1 c. ciocolate acoperite cu bomboane

g) Într-un castron mare, amestecați toate ingredientele în ordinea indicată. Întindeți aluatul într-o tavă unsă cu jeleu de 15"x10".

h) Coaceți la 350 de grade timp de 15 minute, sau până devine ușor auriu.

i) Se răcește și se taie în batoane. Face aproximativ 1-1/2 duzină.

37. Batoane Crumble cu Afine

- 1-1/2 c. zahăr, împărțit
- 3 c. făină universală
- 1 t. praf de copt
- 1/4 t. sare
- 1/8 t. scorțișoară
- 1 c. scurtarea
- 1 ou, batut
- 1 T. amidon de porumb
- 4 c. afine

a) Amestecați o cană de zahăr, făina, praful de copt, sarea și scorțișoara.
b) Folosiți un tăietor de patiserie sau o furculiță pentru a tăia în scurtătură și ou; aluatul va fi sfărâmicios.
c) Puneți jumătate din aluat într-o tavă unsă cu unsoare de 13"x9"; puse deoparte.
d) Într-un castron separat, amestecați amidonul de porumb și zahărul rămas; încorporați ușor fructele de pădure.
e) Presărați amestecul de afine uniform peste aluatul din tigaie.
f) Se sfărâmă aluatul rămas deasupra. Coaceți la 375 de grade timp de 45 de minute, sau până când blatul este ușor auriu. Se răcește complet înainte de a le tăia în pătrate. Face o duzină.

38. Batoane Gumdrop

- 1/2 c. unt, topit
- 1/2 t. praf de copt
- 1-1/2 c. zahăr brun, ambalat
- 1/2 t. sare
- 2 ouă, bătute
- 1/2 c. nuci tocate
- 1-1/2 c. făină universală
- 1 c. gumă, tocate
- 1 t. extract de vanilie
- Garnitura: zahar pudra

f) Într-un castron mare, amestecați toate ingredientele, cu excepția zahărului pudră.

g) Întindeți aluatul într-o tavă de copt de 13"x9" unsă și făinată. Coaceți la 350 de grade timp de 25 până la 30 de minute, până devin aurii.

h) Se presară cu zahăr pudră. Rece; tăiate în bare. Face 2 duzini.

39. Roll Bars cu nuci sărate

- 18-1/2 oz. pachet. amestec galben de tort
- 3/4 c. unt, topit şi împărţit
- 1 ou, batut
- 3 c. mini marshmallows
- 10 oz. pachet. chipsuri de unt de arahide
- 1/2 c. sirop uşor de porumb
- 1 t. extract de vanilie
- 2 c. arahide sărate
- 2 c. cereale crocante de orez

b) Într-un castron, amestecaţi amestecul uscat de prăjitură, 1/4 cană unt şi ou; presaţi aluatul într-o tavă de copt unsă de 13"x9". Coaceţi la 350 de grade timp de 10 până la 12 minute".

c) Presarati marshmallows peste crusta copta; se întoarce la cuptor şi se coace încă 3 minute sau până când marshmallows se topesc. Într-o cratiţă, la foc mediu, topeşte chipsurile de unt de arahide, siropul de porumb, untul rămas şi vanilia.

d) Se amestecă nucile şi cerealele. Întindeţi amestecul de unt de arahide peste stratul de marshmallow. Răciţi până la fermitate; tăiate în pătrate. Face 2-1/2 duzină.

40. Batoane cu cireşe din Pădurea Neagră

- 3 21-oz. conserve umplutură de plăcintă cu cireşe, împărţite
- 18-1/2 oz. pachet. amestec de tort de ciocolata
- 1/4 c. ulei
- 3 oua, batute
- 1/4 c. coniac cu aromă de cireşe sau suc de cireşe
- 6 oz. pachet. chipsuri de ciocolată semidulce
- Opţional: topping bătut

f) Dă la frigider 2 cutii de umplutură de plăcintă până se răcesc. Folosind un mixer electric la viteză mică, amestecaţi cutia rămasă de umplutură de plăcintă, amestecul uscat de prăjitură, uleiul, ouăle şi sucul de coniac sau de cireşe până se amestecă bine.

g) Se amestecă fulgi de ciocolată.

h) Turnaţi aluatul într-o tavă de copt de 13"x9" uşor unsă. Coaceţi la 350 de grade timp de 25 până la 30 de minute, până când o scobitoare este curată; frig. Înainte de servire, întindeţi umplutura de plăcintă răcită uniform deasupra.

i) Tăiaţi în batoane şi serviţi cu topping bătut, dacă doriţi. Se serveşte 10 până la 12.

41. Batoane de popcorn cu afine

- 3 oz. pachet. floricele de porumb la microunde, popped
- 3/4 c. chipsuri de ciocolată albă
- 3/4 c. merişoare uscate îndulcite
- 1/2 c. fulgi de nucă de cocos îndulcit
- 1/2 c. migdale felii, tocate grosier
- 10 oz. pachet. marshmallows
- 3 T. unt

j) Tapetați o tavă de copt de 13"x9" cu folie de aluminiu; stropiți cu spray antiaderent vegetal și lăsați deoparte. Într-un castron mare, amestecați floricelele de porumb, chipsurile de ciocolată, merisoarele, nuca de cocos și migdalele; puse deoparte. Într-o cratiță la foc mediu, amestecați marshmallows și untul până se topesc și se omogenizează.

k) Se toarnă peste amestecul de floricele și se amestecă pentru a se acoperi complet; transferați rapid în tigaia pregătită.

l) Așezați o foaie de hârtie ceară deasupra; apăsați ferm. Răciți timp de 30 de minute sau până când este ferm. Ridicați barele din tigaie, folosind folie ca mânere; decojiți folia și hârtia ceară. Tăiați în batoane; lasă la rece încă 30 de minute. Face 16.

42. Bună, Dolly Bars

- 1/2 c. margarină
- 1 c. firimituri de biscuit Graham
- 1 c. fulgi de nucă de cocos îndulcit
- 6 oz. pachet. chipsuri de ciocolată semidulce
- 6 oz. pachet. chipsuri de unt
- 14 oz. cutie de lapte condensat îndulcit
- 1 c. nuci pecan tocate

e) Amestecați margarina și firimiturile de biscuit Graham; presați într-o tavă de copt de 9"x9" ușor unsă. Strat cu nucă de cocos, chipsuri de ciocolată și chipsuri de unt.

f) Deasupra se toarnă lapte condensat; se presară cu nuci pecan. Coaceți la 350 de grade timp de 25 până la 30 de minute. Se lasa sa se raceasca; tăiate în bare. Face de la 12 la 16.

43. Batoane cu cremă irlandeză

- 1/2 c. unt, înmuiat
- 3/4 c. plus 1 T. făină universală, împărțită
- 1/4 c. zahăr pudră
- 2 T. coacere cacao
- 3/4 c. smântână
- 1/2 c. zahăr
- 1/3 c. Lichior de smântână irlandez
- 1 ou, batut
- 1 t. extract de vanilie
- 1/2 c. frisca pentru frisca
- Opțional: stropi de ciocolată

e) Într-un castron, amestecați untul, 3/4 cană făină, zahărul pudră și cacao până se formează un aluat moale.

f) Presă aluatul într-o tavă neunsă de 8"x8". Se coace la 350 de grade timp de 10 minute.

g) Între timp, într-un castron separat, amestecați făina rămasă, smântâna, zahărul, lichiorul, oul și vanilia.

h) Amestecați bine; se toarnă peste stratul copt. Reveniți la cuptor și coaceți încă 15 până la 20 de minute, până când umplutura este fixată.

i) Se răcește ușor; se lasa la frigider cu cel putin 2 ore inainte de a taia in batoane. Într-un castron mic, cu un mixer electric la viteză mare, bate smântâna pentru frișcă până se formează vârfuri tari.

j) Serviți batoanele accperite cu cârlițe de frișcă și stropiți, dacă doriți.

k) Păstrați la rece. Face 2 duzini.

44. Banane Swirl Bars

- 1/2 c. unt, înmuiat
- 1 c. zahăr
- 1 ou
- 1 t. extract de vanilie
- 1-1/2 c. banane, piure
- 1-1/2 c. făină universală
- 1 t. praf de copt
- 1 t. bicarbonat de sodiu
- 1/2 t. sare
- 1/4 c. coace cacao

e) Într-un castron, bate împreună untul şi zahărul; adauga oul si vanilia. Amestecaţi bine; se amestecă bananele. Pune deoparte. Într-un castron separat, combinaţi făina, praful de copt, bicarbonatul de sodiu şi sarea; se amestecă în amestecul de unt. Împărţiţi aluatul în jumătate; adăugaţi cacao la o jumătate.

f) Turnaţi aluatul simplu într-o tavă unsă cu unsoare de 13"x9"; puneţi deasupra aluatul de ciocolată. Învârtiţi cu un cuţit de masă; coace la 350 de grade timp de 25 de minute.

g) Rece; tăiate în bare. Face 2-1/2 până la 3 duzini.

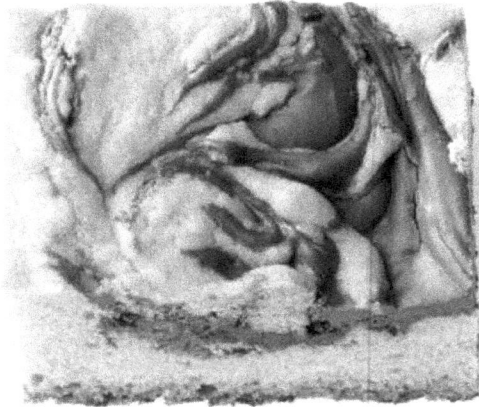

45. Batoane de cheesecake cu dovleac

- 16 oz. pachet. amestec de prăjitură
- 3 ouă, împărțite
- 2 T. margarina, topita si putin racita
- 4 t. condiment pentru plăcintă de dovleac, împărțit
- 8 oz. pachet. crema de branza, moale
- 14 oz. cutie de lapte condensat îndulcit
- 15 oz. poate dovleac
- 1/2 t. sare

e) Într-un castron mare, combinați amestecul uscat de prăjitură, un ou, margarina și 2 lingurițe de condiment pentru plăcintă cu dovleac; se amestecă până se sfărâmiciază. Presă aluatul într-o tavă unsă cu jeleu de 15"x10". Într-un castron separat, bate crema de brânză până devine pufoasă.

f) Bateți laptele condensat, dovleacul, sarea și ouăle rămase și condimentele. Se amestecă bine; răspândit peste crustă. Coaceți la 350 de grade timp de 30 până la 40 de minute. Rece; dați la frigider înainte de a le tăia în batoane. Face 2 duzini.

46. Batoane Granola

Ingrediente:

- Seminte de dovleac, ½ cana
- Miere, ¼ de cană
- Seminţe de cânepă. 2 linguri
- Făină de cocos, ½ cană
- Scorţişoară, 2 linguriţe
- Praf de anghinare, 1 lingura
- Pudră de proteine de vanilie, ¼ cană
- Unt de cocos, 2 linguri
- boabe Goji, 1/3 cană
- Fistic, ½ cană, tocat
- Sare, un praf
- Ulei de cocos, 1/3 cană
- Lapte de cânepă, 1/3 cană
- boabe de vanilie, 1
- Seminte de chia, 2 linguri fulgi de cocos, 1/3 cana

Metodă:

k) Combinaţi toate ingredientele împreună şi răspândiţi uniform într-o tavă cu terină.

l) Daţi la frigider pentru o oră.

m) Când este ferm şi întărit, tăiaţi în batoane de lungimea dorită şi bucuraţi-vă.

47. Fulgi de ovăz de dovleac AnytimeSquares

Ingrediente:

- Ou de in, 1 (1 lingura de in macinat amestecat cu 3 linguri de apa)
- Ovăz rulat fără gluten, ¾ cană
- Scorţişoară, 1 ½ linguriţă
- Pecan, ½ cană, tăiate la jumătate
- Ghimbir măcinat, ½ linguriţă
- Zahăr de cocos, ¾ cană
- Pulbere de săgeată, 1 lingură
- Nucşoară măcinată, 1/8 linguriţă
- Extract pur de vanilie, 1 lingurita
- Sare de mare roz de Himalaya, ½ linguriţă
- Piure de dovleac conservat neîndulcit, ½ cană
- Făină de migdale, ¾ cană
- Făină de ovăz rulat, ¾ cană
- Mini chipsuri de ciocolată fără jurnal, 2 linguri
- Bicarbonat de sodiu, ½ linguriţă

Metodă:

e) Preîncălziţi cuptorul la 350 F.
f) Tapetaţi o tavă pătrată cu hârtie de ceară şi ţineţi deoparte.
g) Combinaţi oul de in într-o cană şi lăsaţi-l să stea timp de 5 minute.
h) Batem piureul cu zaharul si adaugam oul de in si vanilia. Bate din nou pentru a combina.
i) Acum adăugaţi bicarbonat de sodiu urmat de scorţişoară, nucşoară, ghimbir şi sare. Bate bine.
j) La sfârşit, adăugaţi făină, ovăz, săgeată, nuci pecan şi făină de migdale şi bateţi până se încorporează bine.
k) Transferaţi aluatul în tava pregătită şi acoperiţi cu fulgi de ciocolată.

l) Se coace 15-19 minute.
m) Lăsați-l să se răcească complet înainte de a scoate din tavă și de a feli.

48. Batoane de dovleac Red Velvet

Ingrediente:

- Sfeclă mică fiartă, 2
- Făină de cocos, ¼ cană
- Unt organic din seminte de dovleac, 1 lingura
- Lapte de cocos, ¼ cană
- Zer de vanilie, ½ cană
- 85% ciocolată neagră, topită

Metodă:

g) Combinați toate ingredientele uscate împreună, cu excepția ciocolatei.
h) Se amestecă laptele peste ingredientele uscate și se leagă bine.
i) Modelați în bare de dimensiune medie.
j) Topiți ciocolata în cuptorul cu microunde și lăsați-o să se răcească câteva secunde. Acum scufundați fiecare baton în ciocolată topită și acoperiți bine.
k) Dă la frigider până când ciocolata este întărită și fermă.
l) Bucurați-vă.

49. Batoane cu lămâie înzăpezită

- 3 ouă, împărțite
- 1/3 c. unt, topit si putin racit
- 1 T. coaja de lamaie
- 3 T. suc de lamaie
- 18-1/2 oz. pachet. amestec alb de tort
- 1 c. migdale tocate
- 8 oz. pachet. crema de branza, moale
- 3 c. zahăr pudră
- Garnitură: zahăr pudră suplimentar

h) Într-un castron mare, combinați un ou, untul, coaja de lămâie și sucul de lămâie. Se amestecă amestecul uscat de prăjitură și migdalele, amestecând bine. Presă aluatul într-o tavă unsă cu unsoare de 13"x9". Coaceți la 350 de grade timp de 15 minute, sau până devin aurii. Intre timp, intr-un castron separat, bate crema de branza pana devine usoara si pufoasa; se amestecă treptat cu zahărul pudră. Adăugați ouăle rămase, pe rând, amestecând bine după fiecare.

i) Scoateți tava din cuptor; se întinde amestecul de cremă de brânză peste crusta fierbinte. Coaceți încă 15 până la 20 de minute, până când centrul este setat; rece. Se presară cu zahăr pudră înainte de a le tăia în batoane. Face 2 duzini.

50. Batoane Butterscotch ușoare

- 12 oz. pachet. chipsuri de caramel, topite
- 1 c. unt, înmuiat
- 1/2 c. zahăr brun, ambalat
- 1/2 c. zahăr
- 3 oua, batute
- 1-1/2 t. extract de vanilie
- 2 c. făină universală

f) Într-un castron, combinați chipsurile de caramel cu unt și untul; amestecati bine. Adăugați zaharurile, ouăle și vanilia; amestecati bine.

g) Se amestecă treptat cu făina. Turnați aluatul într-o tavă de copt de 13"x9" ușor unsă. Se coace la 350 de grade timp de 40 de minute.

h) Se răcește și se taie în pătrate. Face 2 duzini.

51. Baton de migdale cu cireşe

Ingrediente:

- Pudră de proteine de vanilie, 5 linguri
- Miere, 1 lingura
- Bătători de ouă, ½ cană
- Apă, ¼ cană
- Migdale, ¼ cană, feliate
- Extract de vanilie, 1 lingurita
- Făină de migdale, ½ cană
- unt de migdale, 2 linguri
- Cireşe dulci închise congelate, 1 ½ cană

Metodă:

a) Preîncălziţi cuptorul la 350 F.
b) Tăiaţi cubuleţe cireşe şi dezgheţaţi-le.
c) Combinaţi toate ingredientele împreună, inclusiv cireşele dezgheţate şi amestecaţi bine.
d) Transferaţi amestecul într-o tavă unsă cu unt şi coaceţi timp de 12 minute.
e) Lăsaţi să se răcească complet înainte de a scoate din tavă şi de a tăia în batoane.

52. Batoane Crunch Caramel

Ingrediente:
- 1½ cani de ovaz rulat
- 1½ cani de faina
- ¾ cană zahăr brun
- ½ lingurita de bicarbonat de sodiu
- ¼ lingurita sare
- ¼ cană unt topit
- ¼ cană unt topit
- Toppinguri
- ½ cană zahăr brun
- ½ cană zahăr granulat
- ½ cană de unt
- ¼ cană făină
- 1 cana nuci tocate
- 1 cana ciocolata tocata

Direcții:
14. Aduceți temperatura cuptorului la 350 F. Puneți ovăz, făină, sare, zahăr și bicarbonat de sodiu într-un castron, apoi amestecați bine. Pune untul tău și untul obișnuit și amestecă până se formează firimituri.
15. Pune deoparte cel puțin o cană din aceste firimituri pentru ornat mai târziu.
16. Acum pregătiți tava ungând-o cu un spray apoi puneți amestecul de ovăz pe partea de jos a tavii.
17. Se da la cuptor si se coace putin, apoi se scoate odata ce este destul de rumenit apoi se lasa sa se raceasca. Apoi urmează să facem caramelul.
18. Faceți acest lucru amestecând untul și zahărul într-o cratiță care are un fund gros pentru a evita să se ardă rapid. Se lasă să bule, apoi după ce adaugă făina. Înapoi la baza de fulgi de ovăz, adăugați amestecul de nuci și ciocolată, urmat de caramelul pe care tocmai l-ați făcut, apoi, în cele din urmă, completați cu pesmeturile suplimentare pe care le-ați lăsat deoparte.

19. Se pune din nou la cuptor și se lasă să fiarbă până când batoanele devin aurii, ceea ce va dura aproximativ 20 de minute.
20. După coacere, se răcește înainte de a o tăia în ce dimensiune doriți.

53. Popcorn Bars fierte de două ori

Ingrediente:

- 8 linguri de unt de cana
- 6 cani de bezele sau mini marshmallows
- 5 linguri de unt de nuci
- 8 cups popped caramel corn sau popcorn
- 1 cană de alune, tocate
- 1 cană mini chocolate chips

Pentru topping:

- ½ cană de mini marshmallows
- ½ cană mini chocolate chips

Direcții

4. Încinge cuptorul la 350 de grade F.
5. Acoperiți partea de jos a unui pătrat de 9 inci cu hârtie de cerc.
6. Într-o cratiță mare topeşte untul. Adăugaţi marshmallows and smescaţi până când se topeşte complet. Se amestecă untul de alune.
7. Adăugaţi popcorn şi amestecaţi până când este uniform. Răspândiţi jumătate din amestec în prepared pan. Cu mâinile umede curate, press floricelele jos şi încercaţi să faceţi chiar şi grosimea.
8. Se stropesc cu alune şi fulgi de ciocolată.
9. Press restul de amestec de popcorn peste alune şi ciocolată.
10. Se presară cu bezele şi chocolate chips rămase şi se dau la cuptor pentru 5-7 minute.
11. Lăsaţi să se răcească şi apoi lăsaţi la frigider înainte de a tăia.

54. Baruri fără coacere
Ingrediente:

- 1/2 cană unt topit
- 1 ½ cups Graham cracker crumbs
- O liră de zahăr de confectioners (3 până la 3 1/2 căni)
- 1 ½ cani de unt de arahide
- 1/2 cană de unt, topit
- 1 (12 ounces) pungă de lapte chocolate chips

Direcții:

6. Combinați biscuiți Graham, zahăr și unt de arahide; amestecati bine.
7. Amestecați untul de canabis topit până când se combină bine.
8. Press amestecul evenly într-un pan de 9 x 13 inch.
9. Topiți ciocolata în cuptorul cu microunde sau într-un boiler dublu.
10. Răspândiți peste amestecul de unt de arahide.
11. Răciți până când se fixează și tăiați în batoane. (Acestea sunt foarte greu de tăiat dacă ciocolata devine „tară ").

55. Batoane de migdale lemon

Randament: 32 batoane de lamaie

Ingrediente:

- 1/4 cană zahăr granulat
- 3/4 cană de unt infuzat cu canabis (deseori)
- 1 teaspoon lemon zest
- 2 căni de făină integrală
- 1/4 teaspoon table sal t

Pentru Lemon Bar Bater:

- 6 ouă mari
- 2 cups sugar
- 1/4 cup chopped, cristalizat ghimbir
- 1/2 cană de făină integrală
- 1 linguriță praf de copt
- 2 tablespoons lemon zest
- 2/3 cană suc proaspăt de lămâie

Pentru amestecul de migdale:

- 3/4 cană făină
- 1/2 cană de zahăr
- 1/4 lingurita de sare
- 1/4 cană unt (topit)
- 1/2 cană de migdale feliate
- Garnishes optional: un praf of powdered sugar, frişcă, etc.

Direcții:

Pentru crusta de lamaie:

6. Preîncălzeşte-ţi cuptorul la 350 de grade F.
7. Folosind un mixer electric în picioare sau de mână, bateţi 1/4 de cană de zahăr, 3/4 de cană de unt înmuiat şi 1 linguriță de

coajă de lămâie la viteză medie timp de 2 minute sau până când se amestecă.

8. Într-un castron mare separat, combinați 2 cani de făină și 1/4 linguriță de sare. Adaugă treptat bunurile uscate (făină și sare) la untul, zahărul și ouăle. Amestecați bine până când totul este complet combinat.

9. După ce se amestecă crusta de aluat, pregătiți un vas de copt de 9 x 13 inci cu niște stropi de copt care nu se lipesc. Puneți vasul gol, uns cu unsoare, în frigider pentru a se răci cel puțin 15 minute înainte de coacere.

10. Scoateți vasul din frigider și puneți aluatul în rână până când creați un strat uniform. (Nu rata colțurile!)

11. Coaceți crusta timp de 15 până la 20 de minute în cuptorul preîncălzit sau până se rumenește ușor.

12. Scoateți crusta din cuptor și reduceți temperatura cuptorului la 325 de grade F.

13. Lăsați crusta să stea în lateral deocamdată.

ForLemon bar Bater:

9. Bateți cele 6 ouă și 2 căni de zahăr.

10. Într-un robot de bucătărie sau blender, turnați 1/2 cană de făină împreună cu 1/4 cană de ghimbir cristalizat. Pulsați cele două ingrediente împreună până când se combină complet. Procesați să turnați făina și amestecul de ghimbir într-un castron de dimensiune medie.

11. Se amestecă 1 linguriță de praf de copt în amestecul de făină și ghimbir.

12. Adăugați încet loturi de făină și amestec de ghimbir în bolul care conține ouăle și zahărul.

13. Bateți sucul de lămâie și 2 mese de coajă de lămâie până când se combină complet și se omogenizează.

14. Se toarnă aluatul de lămâie peste crusta răcită, sclipind și zvâcnind vasul pentru a permite oricăror bule de aer să scape.

15. Coaceți batoanele de lămâie în cuptorul dvs. încălzit timp de 15 până la 20 de minute sau până când umplutura cu lămâie abia s-a pus.

16. Scoateți batoanele de lamaie din cuptor și plasați-le în lateral deocamdată.

Pentru amestecul de migdale feliate:

4. Amestecați 3/4 cană de făină rămase, 1/2 cană de zahăr și 1/4 linguriță de sare într-un castron mic.
5. Se toarnă 1/4 de cană de unt topit și se amestecă ingredientele până când sunt bine amestecate.
6. Adăugați 1/2 cană de migdale feliate și amestecați încă o dată.
7. Presărați amestecul de migdale și zahăr peste batoanele fierbinți de lămâie, apoi puneți batoanele de lămâie înapoi în cuptor pentru încă 20 până la 25 de minute până când devin aurii.
8. Scoateți batoanele de lămâie din cuptor și lăsați-le să se răcească în vasul de copt deasupra unui grătar de sârmă pentru cel puțin 1 oră.
9. Tăiați-vă batoanele de lămâie în bucăți individuale și serviți-vă imediat cu un strop de zahăr pudrat, dacă doriți.

56. Baton de ciocolată

Ingrediente:

- 1/4 cană unt
- 4 cani de ciocolată

Direcții:

6. Se topeşte chocolate într-un castron curat şi uscat set oper o tigaie ofă abia simmers wate. Dacă doriţi să temperaţi alegerea, adăugaţi untul.
7. Odată ce chocolate este topit (şi călit, dacă temperaţi ciocolata), scoateţi vasul din pan şi ştergeţi umezeala de pe fundul vasului.
8. Turnaţi sau puneţi cu lingură un strat de ciocolat în formele dvs. Puneţi-le pe blat de câteva ori pentru a distribui ciocolata uniform şi a elibera orice bule de aer; apoi lucrând rapid, puneţi pe deasupra orice fel de nuci, fructe uscate sau alte ingrediente pe care le doriţi şi le puneţi uşor.
9. Puteţi, de asemenea, să amestecaţi ingredientele în chocolate, cum ar fi nuci prăjite, seeeds, crispeed rice cereal, sniped marshmallat, apoi se toarnă în mucegai .)
10. Puneţi imediat batoanele în frigider până se întăresc. Dacă se foloseşte chocolate tempered, nu ar trebui să dureze mai mult de cinci minute pentru ca ei să se întărească. În caz contrar, alegerea va dura mai mult.

57. Batoane cu fulgi de ovăz

Timp de preparare: 15 minute
Timp de gătire: 25-30 minute
Porții: 14-16

Ingrediente:
- 1¼ cani de ovăz laminat de modă veche
- 1¼ cani de faina universala
- ½ cana nuci prajite tocate marunt (vezi nota)
- ½ cană de zahăr
- ½ lingurita de bicarbonat de sodiu
- ¼ lingurita sare
- 1 cană unt, topit
- 2 lingurite de vanilie
- 1 cană gem de bună calitate
- 4 biscuiți Graham întregi (8 pătrate), zdrobiți
- Frisca, pentru servire (optional)

Direcții:
4. Preîncălziți cuptorul la 350°F. Ungeți o tavă pătrată de 9 inci. Într-un castron, puneți și combinați fulgii de ovăz, făina, nucile, zahărul, bicarbonatul de sodiu și sarea. Într-un castron mic, combinați untul și vanilia. Adăugați amestecul de unt în amestecul de ovăz și amestecați până se sfărâmiciază.
5. Rezervați 1 cană pentru topping și apăsați amestecul de ovăz rămas în fundul tăvii de copt. Întindeți gemul uniform deasupra. Adăugați biscuiții zdrobiți în amestecul de ovăz rezervat și presărați peste dulceață. Coaceți-l timp de aproximativ 25 până la 30 de minute sau până când marginile se rumenesc. Se răcește complet în tigaie pe un gratar.
6. Tăiați în 16 pătrate. Serviți, adăugând o praf de frișcă dacă doriți.
7. Păstrarea acestuia într-un recipient de sticlă la frigider va ajuta la conservare.

58. Batoane pecane mestecate

Ingrediente:
- Spray antiadeziv pentru copt
- 2 căni plus
- 2 linguri de făină universală, împărțite
- ½ cană zahăr granulat
- 2 linguri plus
- 2 lingurite unt
- 3½ lingurițe de unt nesărat, tăiate în bucăți
- ¾ de linguriță plus sare kosher, împărțită
- ¾ cană zahăr brun închis la pachet
- 4 ouă mari
- 2 lingurite extract de vanilie
- 1 cană sirop ușor de porumb
- 2 cani de nuci pecan tocate
- Nuci pecan tăiate în jumătate

Direcții:

11. Preîncălziți cuptorul la 340°F. Ungeți tava cu un spray antiaderent și tapetați cu hârtie de pergament cu o surplosă pe două părți, astfel încât să puteți ridica ușor barele din tavă.
12. Folosind un blender sau un robot de bucătărie, făină puls, zahăr, feluri de unt și ¾ de linguriță de sare până se combină. Amestecul se va forma în aglomerări.
13. Transferați aluatul în tava pregătită. Apăsați-l ferm și uniform în fundul tigaii. Pierceți crusta peste tot cu o furculiță și coaceți până la o culoare maro auriu, 30 până la 35 de minute.
14. Folosind același bol de robot de bucătărie, combinați zahărul brun, restul de 2 linguri de făină, praf de sare, ouăle, vanilia și siropul de porumb. (Adăugați siropul de porumb ultimul, pentru a nu se bloca pe fundul robotului de bucătărie.)

15. Pulsați până când se combină complet. Turnați amestecul într-un bol mare
și adăugați nucile pecan.
16. Turnați uniform amestecul de nuci pecan peste crusta coaptă. Puneți câteva jumătăți de nuci pecan în plus deasupra umpluturii ca decor.
17. Puneți tava înapoi în cuptor și lăsați-o să se coacă până când centrul este fixat doar 35 până la 40 de minute. În cazul în care interiorul încă se mișcă, pregătiți-vă pentru încă câteva minute; dacă observați că batoanele încep să umfle în centru, îndepărtați-le imediat. Puneți-le într-un gratar și lăsați-le să se răcească înainte de a le tăia în 16 pătrate (2 inchi) și de a ridica barele.
18. Depozitare: Păstrați batoanele într-un recipient etanș la temperatura camerei timp de 3 până la 5 zile sau congelați până la 6 luni. Pot fi foarte lipicioase, așa că înfășurați-le în pergament sau hârtie ceară.

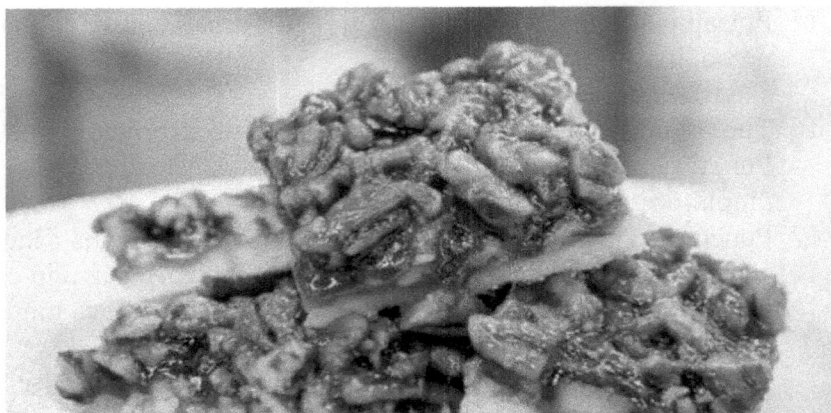

CONCLUZIE

Cele mai bune batoane de desert au de obicei straturi de aromă şi vin în o mulţime de variante, posibilităţile sunt nesfârşite, vezi cu ce poţi veni!

Batoanele de desert sunt, de asemenea, un cadou foarte frumos de Crăciun sau orice alte cadouri de ocazie specială pentru prieteni şi familie. Cine nu şi-ar dori să primească un pachet frumos decorat şi plin cu batoane de desert de casă? Acesta ar putea fi unul dintre cele mai bune cadouri vreodată! Au o perioadă de valabilitate destul de lungă şi pot fi coapte cu câteva zile înainte. De asemenea, pot fi depozitate în congelator dacă sunt împachetate strâns în folie de plastic.

Cu această carte de bucate, cu siguranţă vei face oaspeţii tăi să-şi dorească să se întoarcă pentru un alt pătrat de mâncare!